Einige Grundfragen der heutigen deutschen Politik und Wirtschafts-politik

Von

Professor Dr. Carl Mollwo

Berlin 1912
J. Guttentag, Verlagsbuchhandlung,
G. m. b. H.

Roßberg'sche Buchdruckerei, Leipzig.

Inhaltsverzeichnis.

Vorbemerkung.

Die Ortsgruppe Danzig des Hansabundes hatte mich im Frühjahr 1911 ersucht, in einer Reihe von Vorträgen zu versuchen, gebildeten Männern und Frauen wirtschaftliche und politische Fragen des Tages näher zu bringen. Ich habe diesem Wunsch entsprechend die folgenden stenographisch aufgenommenen Ausführungen in der Zeit vom 3. Februar bis 10. März 1911 vor Männern und Frauen aller Kreise und Parteien vorgetragen.

Mehrfach ist nachher mir gegenüber der Wunsch geäußert, diese Darlegungen im Druck erscheinen zu lassen. Ich folge diesem Wunsche in der Hoffnung, daß diese vor dem Reichstagswahlkampf von 1912 vorgetragenen Gedankengänge geeignet sein werden, dem politischen Verständnis wirtschaftlicher Zusammenhänge und dadurch der politischen Arbeit, die heute in unserm Volke nötiger ist als je, zugute zu kommen. Es hätte nahe gelegen, das Stenogramm dieser Vorträge völlig umzuarbeiten, um den Vortragscharakter ganz abzustreifen, und dann die neuesten zahlenmäßigen Ermittlungen ev. mit Belegen überall in Anmerkungen hinzuzufügen.

Ich habe geglaubt, davon Abstand nehmen zu sollen, da der Charakter dieser Vorträge durch eine Umarbeitung mit Sicherheit verloren gegangen wäre.

Das, woran es im heutigen politischen Kampf fast regelmäßig fehlt, ist die Bekanntschaft mit den wirtschaftlichen

Verhältnissen, gesehen unter dem Gesichtspunkt der Interessen des ganzen Volkes. In schädlicher Form überwiegt heute häufig die Hervorkehrung des Interessentenstandpunktes. Bei politischen Entscheidungen ist aber die Durchsetzung einzelner Interessenstandpunkte das Verkehrteste, was erreicht werden kann. Die Besinnung darauf ist nötig, daß alle die verschiedenen Wirtschaftsgruppen erst zusammen ein wirtschaftendes Volk ausmachen, und daß Bevorzugung einzelner Kreise auf die Dauer jeden Staat in einen Interessenkampf aller gegen alle auflöst und damit seine Grundbestimmung, der Wahrer aller und besonders der gemeinsamen Interessen zu sein, illusorisch macht. Diese Selbstbesinnung in den weitesten Kreisen zu verbreiten ist die Absicht dieser Ausführungen gewesen.

Sie stellen vielleicht eine Art Abc dessen dar, was jeder wissen *sollte* vom wirtschaftlichen Leben und seinem Zusammenhang mit dem politischen. Daß ich es nicht vermieden habe, meine subjektive Überzeugung zum Ausdruck zu bringen, wird von dem, der weiß, daß nur der Mensch auf den Menschen wirkt, verstanden und wohl auch gebilligt werden.

Berlin, im Mai 1912.

Prof. Dr. Carl Mollwo.

I. Über die Entwicklung der deutschen Volkswirtschaft im 19. Jahrhundert.

Jede politische Entwicklung ist ohne ihren materiellen Untergrund, ohne die Volkswirtschaft, auf der sie sich aufbaut, unverständlich. Die wirtschaftliche Entwicklung eines Volkes ist für seine politische Entwicklung in einer großen Zahl von Fragen direkt maßgebend, und deshalb ist immer wieder hervorzuheben, daß die materiellen und ideellen Dinge in Politik und Wirtschaft einander stets beeinflussen. Wir stehen heute in einer blühenden Volkswirtschaft. Wenn wir auch manche unerfreuliche Erscheinung heute sehn, so können wir nicht verkennen, daß wir im Laufe der letzten Generation aufgestiegen sind zu den wirtschaftlich führenden Völkern in der Welt. Wenn wir ein Jahrhundert zurückgehn, so müssen wir ohne weiteres das Gegenteil konstatieren. Um das Jahr 1800 lebten wir im heiligen römischen Reich deutscher Nation. Ein Deutsches Reich wie heute, geschlossen nach innen und außen, gab es nicht. Wenn man die wirtschaftlichen und politischen Verhältnisse jener Zeit charakterisieren will, wird man zu dem Schluß kommen, es habe sich damals um Partikularwirtschaften, deren Leben sich in Territorialstaaten abwickelte, gehandelt. Das Entscheidende war in jener Zeit die Grenze, nicht die Vereinigung. Die politische Auffassung des einzelnen Staatsangehörigen oder Untertanen war im wesentlichen partikular, nicht etwa staatsbürgerlich im Sinne der Zugehörigkeit zu einem heiligen römischen Reich deutscher Nation; sie war höchstens weltbürgerlich, aber politisch immer durch die engen territorialen Grenzen beschränkt. Wenn wir die Schilderungen des Mittelalters, vor allem des 14. und 15. Jahrhunderts vergleichen, so sehn wir in jener Zeit einen viel mehr in sich geschlossenen Gemeinschaftsstaat, als um die Wende des 18. und 19. Jahrhunderts. Die Wunden des Dreißigjährigen Krieges sind bei uns nie vernarbt, sowohl wirtschaftlich wie politisch. Seit dem Westfälischen Frieden haben wir die innerpolitische Auflösung des alten deutschen Reiches, und innerhalb dieses alten deutschen Reiches neuentstehende Territorialstaaten, die unter reiner Beamtenverwaltung allgemein zu immer größerer Geschlossenheit gelangt sind, und zwar wirtschaftlich durch zwei Momente: durch die auf feudaler Grundlage ruhende landwirtschaftliche Verfassung und auf der Basis der Zunftverfassung, die das Wesen der mittelalterlichen Stadt ausgemacht hat, der kleinen mittelalterlichen Stadt.

Das ist nun das Wesen der feudalen Verfassung; sie begreift sich unter drei Schlagworten: Erbuntertänigkeit derjenigen auf dem Lande, die nicht Rittergutsbesitzer sind; Frohnpflicht und Dienstpflicht der diesen untertänigen Kreise und extensive Landwirtschaft auf großen Bodenflächen, die in ihren Erträgnissen daher gar keinen Vergleich aushält gegenüber den Resultaten intensiver Kultur von heute. In der Stadt haben wir die zünftige Bindung der sämtlichen Gewerbe, die höchstens da aufgelöst ist, wo es dem Stadtregiment nicht mehr gelungen ist, die Bürger in Zucht und Ordnung im mittelalterlichen Sinne zu halten. Es ist höchstens der Anfang einer prinzipiellen Durchbrechung der Zunftordnung und Gebundenheit zugunsten der Ideen gemacht, die von England und Belgien herüberkamen, und die das Zeitalter der beginnenden Fabrik einleiteten. Die inneren Verhältnisse der Zünfte aber waren um die Wende des 18. und 19. Jahrhunderts gänzlich verfault. Das Handwerk hatte durchaus nicht den goldenen Boden, von dem man so häufig in Erinnerung an Verhältnisse etwa des 15. und 16. Jahrhunderts spricht. Das ganze wirtschaftliche Leben jener Zeit stagnierte in Deutschland. Erst die Revolution und die napoleonischen Kriege haben da Wandel geschaffen. Sie haben durch den Drang und die Not der Kontinentalsperre einzelne Gewerbszweige wieder emporblühen lassen in dem Rahmen der alten Zunftverfassung und neben ihr. Aber diese ganze Entwicklung stand nach dem Abschluß des Wiener Friedens unter dem übermächtigen Andrang der Expansion Englands, das sich schon ungefähr ein Jahrhundert früher zu wesentlicher industrieller Betätigung durchgerungen hatte, das damals neben der größten Industrie eine in einzelnen Teilen blühende Landwirtschaft besaß und im großen und ganzen jedenfalls der kapitalstärkste wirtschaftliche Faktor in der ganzen Welt war. Erste Anfänge der Industrie drohten damals in Deutschland durch England vernichtet zu werden.

In diese Periode fällt die politische und wirtschaftliche Konsolidation Preußens, des Preußen, das am meisten in den Freiheitskriegen gelitten hatte. Es handelt sich dabei einmal um die Durchführung der sog. Stein-Hardenbergschen Reformen, um die Reformen der ländlichen Verhältnisse: Die Aufhebung der Erbuntertänigkeit, die Beseitigung der Frohnden, eine Maßregel, gegen die der preußische Adel sich damals mit allen Kräften gesperrt hat. Mit allergrößter Mühe ist aber dieser grundsätzliche Übergang vom Feudalismus zu freier Lebensauffassung in der kurzen Arbeitszeit Steins ihm und Hardenberg gelungen. Daneben geht in Preußen schon damals das Streben nach der Verfassung einher, besonders durch die Wirkung der Reden Fichtes an die deutsche Nation. Dieses Streben hat in Preußen nie aufgehört, seine Macht immer wieder zu beweisen. Wenn auch im 19. Jahrhundert oft noch gefährliche Zeiten, Zeiten der Unterdrückung herangekommen sind, — wirtschaftlich fanden sie freiheitliche Ideen, die besonders auf landwirtschaftlichem Gebiete durch das Mittel der Reformen durchgeführt werden sollten. Diese Ideen hatten ihre Träger im preußischen Finanzministerium, das seit den 20er Jahren grundsätzlich den Übergang zum Freihandelsprinzip, zum Prinzip freier Konkurrenz, zur Beseitigung der Grenzen innerhalb Preußens vollzogen hatte und weit über die preußischen Länder hinaus zum grundsätzlichen Freihandel auch mit dem Auslande überzugehn entschlossen war. Damals, 1818, sind 60 preußische Binnenzolltarife beseitigt.

Das preußische Volk von damals, mit seinen 10 Millionen Köpfen, war durchaus landwirtschaftlich interessiert. Alles trat hinter deren Interessen zurück. Um das Jahr 1800 gab es in Preußen 1800 Städte mit Stadtrecht. Nur 17 davon hatten über 10000 Einwohner, 102 3000—10000, 502 1000—3000, 1200 weniger als 1000. Aber fast alle diese Städter waren noch landwirtschaftlich tätig oder doch wenigstens mit ihren Verhältnissen auf das engste verknüpft. Nach einer Berechnung von 1804 wohnten in Preußen ca. 73 % der Gesamtbevölkerung auf dem Lande, nur ca. 27 % in den Städten, die fast alle reine Ackerbürgerstädte waren. In allen landwirtschaftlichen Betrieben jener Zeit war die geschlossene Hauswirtschaft das Typische, d. h. damals spielte sich das ganze wirtschaftliche Leben der gesamten Bevölkerung — nach einer Zählung von Dieterici zu ungefähr 80 % der Fälle — vollkommen innerhalb des eigenen Hauses und Hofes ab, d. h. der größte Teil aller Produkte, die konsumiert werden sollten, wurde auch innerhalb des Hauses produziert. Die Arbeitsteilung der Gewerbe, die wir heute haben, und die Warenhäuser, in denen wir gewohnt sind, alles zu kaufen, gab es nicht. 80 % der Bevölkerung lebten in geschlossener Hauswirtschaft, und zwar war das der Fall sowohl bei den Rittergutsbesitzern, wie es das noch heute in gewissem Sinne ist, wie ebenso bei den Städtern und selbstverständlich vollständig bei den Bauern. In jene Zeit fällt nun die Beseitigung der Erbuntertänigkeit, die zum erstenmal einen neuen Bauernstand hat erstehn lassen, der eine ganz andere Basis für den preußischen Staat abgegeben hat, als sie bisher überhaupt denkbar war. Der Schritt erfolgte nicht so, daß die Erbuntertänigkeit einfach beseitigt wurde durch einen Federstrich, wie während der französischen Revolution in Frankreich, sondern ein Drittel bis zur Hälfte ihres damaligen Besitzes haben die damaligen erbuntertänigen Bauern den Rittergutsbesitzern abtreten müssen für die Genehmigung des preußischen Adels zur Aufhebung der Erbuntertänigkeit und der Frohnden. Die Aufhebung des Flurzwanges erfolgte langsam. Damals und damit ist erst die Möglichkeit geschaffen worden, — am Ende der 1810er und 1820er Jahre, teilweise erst in den Jahren bis 1850, — den Übergang in der Landwirtschaft vom extensiven Betrieb zum intensiven Betrieb zu vollziehen; dadurch ist dann der Brutto- und Nettoertrag auf ein Niveau gehoben, das bis dahin unerhört war. In den Städten trifft mit dieser landwirtschaftlichen Entwicklung die Beseitigung des Zunftzwanges zugunsten der Gewerbefreiheit zusammen, besonders die Beseitigung des Befähigungsnachweises, den heute Handwerkerorganisationen wieder einführen wollen. Hierdurch war die Bahn gegeben für die freiheitliche, selbstverantwortliche Entwicklung in Stadt und Land. Auch auf dem rein geistigen Gebiete, in religiösen und konfessionellen Dingen z. B., wurde damals jede größere Reform darauf angesehn, ob sie freiheitlich war. Die liberalen Ideen sind es gewesen, die damals, inspiriert von England und genährt mit den Erfahrungen der französischen Revolution, im allgemeinen zu Reformen geführt haben. Die große wirtschaftliche Reform Preußens ist dann erfolgt durch den weiteren Schritt auf der Bahn des Freihandels, der durch die Vereinigung eines großen Teiles des damaligen Deutschlands im deutschen Zollverein unter Ausschluß Österreichs 1833 erfolgt ist. 18 Staaten mit 7700 Quadratmeilen und 23 Millionen Einwohnern sind damals zu einem einheitlichen Zollgebiet zusammengeschlossen. Der große Gedanke der Einigung war hier, ein Gebiet zu schaffen, das im großen und ganzen imstande wäre, durch den Ausgleich der verschiedenen in ihm produzierten Waren und Produkte aller Art einen geschlossenen Handelsstaat zu bilden, bei dem aber selbstverständlich festgehalten wurde, daß dann die Selbstgenügsamkeit eines derartigen Wirtschaftskörpers gegenüber anderen Gebieten, nicht etwa zu der Selbstgenügsamkeit führe, die sich selbst zum Ziel hat, sondern den notwendigen Import- und Exportverkehr aufrechterhalte und befördere, eben im Interesse der Gemeinwirtschaft. Die ganze wirtschaftliche und politische Entwicklung des 19. Jahrhunderts ist bis in die letzten 20 Jahre hinein getragen gewesen von den liberalen Grundgedanken der Würde des Menschentums, der Gleichheit der Menschen und der Idee, daß es richtiger sei, mit seinen Nachbarn in Frieden zu leben, als sie abzustoßen. Das hat in erster Linie dahin geführt, daß der politische Grundgedanke jener Zeit der des Zusammenschlusses der Deutschen blieb, der des Versuchs, eine Wiederkehr des alten Reiches, das die ganze deutsche Bevölkerung genährt hatte, herbeizuführen. Der Gedanke ging fortan nicht mehr auf das territoriale Vaterland, sondern auf ein deutsches Vaterland. Zwei große Linien zeigt nun die Entwicklung fortan: eine wirtschaftliche und eine politische, die immer wieder ineinander verfließen. Die politische steht durchaus im Vordergrund. Sie umfaßt zwei Grundgedanken: einmal die Erreichung einer auf liberalen Ideen basierten Verfassung und zweitens die Vereinigung der deutschen Einzelstaaten so, wie sie am Frankfurter Bundestage vertreten waren, zu einem einigen Deutschland. Preußen hat diesem Gedanken zum erstenmal in gewissem Sinne Folge gegeben in der neuen preußischen Verfassung, die auf den Tatsachen der Märztage von 1848 basiert war. Die Revolution von 1848 und ihre Folgen haben dann zu der Abänderung der preußischen Verfassung durch die Deklaration vom 30. Mai 1849 geführt, die uns die heutige Verfassung von 1852 beschert hat, die ja grundsätzlich von rein liberalen Grundgedanken damit wieder abging, als sie bei ihrer Einführung das Herrenhaus in den Vordergrund gerückt hat und das allgemeine und gleiche

Wahlrecht abgeändert hat zugunsten eines Klassenwahlsystems.

In den Gedanken dieser auf vormärzlichen Anschauungen beruhenden und halb ständischen Verfassung ist Bismarck aufgewachsen. Wenn man die Reden Bismarcks durch die Jahrzehnte vergleicht, so wird man nicht einen Augenblick zögern, ihn als einen feudalen Junker vom besten Schlage jener Zeit zu bezeichnen. Aber die Entwicklung der wirtschaftlichen und politischen Dinge und die Beobachtung des allgemeinen Kulturfortschrittes des 19. Jahrhunderts haben aus Bismarck etwas ganz anderes gemacht. Ich sehe selbstverständlich ab von seiner inneren, psychischen, subjektiven Entwicklung, aber die objektiven Tatsachen, die auf ihn einwirkten, haben den Junker Bismarck zu dem Manne gemacht, der die liberalen Ideen, die seit den Tagen Fichtes in der deutschen Nation lebten, auf wirtschaftliche sowohl wie auf politische Gebiete hinausgetragen hat. Bismarck ist es gewesen, der uns geführt hat gegen Widerstände von konservativer Seite, durch liberale Gedankengänge zu der Entwicklung, die Preußen an die Spitze des neuen Deutschen Reichs gestellt hat.

Grundlegende Wandlungen innerhalb der deutschen Volkswirtschaft sind in dieser seiner Zeit vorgegangen. Die Technik hatte ihren Siegeszug angetreten. 1835 ist zwischen Leipzig und Dresden die erste Bahn eröffnet worden, im selben Jahre ist die 6 km lange Fürth-Nürnberger Eisenbahn fertiggestellt worden. 1845 hatten wir auf dem Gebiete des heutigen Deutschland 2300 km Eisenbahn, 1850 über 6000 km, 1870 ca. 20000 km, 1903 ca. 56000 km. Zu gleicher Zeit kam die Dampfschiffahrt auf, besonders in der Periode von 1830 bis 1840. Mit diesen beiden großen Errungenschaften sind wir in Deutschland eingetreten in den internationalen Verkehr, d. h. an die Stelle des Bewußtseins der enormen Differenzen, die lokalwirtschaftlich innerhalb Deutschland und international noch vorhanden waren, ist in jener Zeit, um die Mitte des vorigen Jahrhunderts, auch für uns der Gedanke der internationalen Arbeitsteilung getreten, der Gedanke, daß es Örtlichkeiten gibt, auf denen eine bestimmte Produktion höher lohnt, wertvoller ist infolgedessen für die Allgemeinheit der Menschen als alles andere, wenn es gelingt, der Produktion den glatten Transport zu sichern. Der Gedanke fordert natürlich die Niederwerfung der Schranken, die zwischen den einzelnen Nationen bestehn, was wirtschaftliche Verhältnisse angeht. Was bedeutet das? Ein Beispiel aus dem Jahre 1817. In dem Moment, als noch die 60 Zollschranken in Preußen vorhanden waren, kaufte man den Scheffel Weizen in der Rheinprovinz zum Preise von $166^1/_4$ Slbrgr., Roggen mit $132^1/_2$ Slbrgr. Zu gleicher Zeit kostete der Scheffel Roggen in Posen $69^1/_2$ bis $75^2/_3$ Slbrgr., Weizen $95^3/_6$ Slbrgr. 1855, bei gewachsener Verfrachtung von Brotgetreide im internationalen Verkehr, hatte sich diese enorme Differenz, die einfach an den mangelhaften Transportverhältnissen lag, geändert bis auf eine Differenz von 23 und 17 Slbrgr. bei Roggen bzw. Weizen. Wir rechnen heute mit ganz minimalen Preisdifferenzen innerhalb Deutschlands, die eigentlich ausschließlich auf Transportverhältnisse zurückzuführen sind.

In jener Zeit haben wir zugleich in der Industrie den Anfang der Großbetriebe. Die Industrie beginnt sich nicht allein loszulösen vom handwerksmäßigen Betrieb, sondern sie beginnt darüber hinaus das Kapital anzuziehen. Es beginnt die Möglichkeit einer unpersönlichen Kapitalverwendung im Gewerbe. Die Technik dringt in jener Zeit in alle Gebiete rationeller Verwendung ein. Damals wurde der Eisenverhüttungsprozeß modernisiert, indem die Holzkohle ausgeschieden wurde. Wir haben seit dieser Zeit die nicht mehr an die Forsten, sondern an die Steinkohlevorkommen angeschlossene Industrie. In dieser Zeit beginnt die deutsche Maschinenindustrie am Weltmarkt aufzutreten, den sie heute gewonnen hat. Jetzt beginnt auch die Periode der Führung des Kapitals, von 1850 bis 1870.

In diese Zeit fällt der große Aufschwung des Bankwesens, in diese Zeit fällt die Entstehung der Darmstädter Bank, der Diskonto-Gesellschaft, der Berliner Handelsgesellschaft; sie schließt ab mit der Periode, die inauguriert wird durch die Gründung der Deutschen und Dresdner Bank. In jener Zeit begann auch die Einführung des großen deutschen Versicherungswesens, das sich inzwischen international eine erste Stellung errungen hat. Die Verwertung aller dieser Möglichkeiten, die Verwendung der Elektrizität, das Telephon, der Telegraph sind in den Verkehr eingetreten als treibende Faktoren. Diese Zeit ist weiter charakterisiert durch den grundsätzlichen Wechsel im Wesen der Unternehmungen. Bis in die 50er Jahre walteten die Einzelunternehmungen durchaus vor. Seit 1850 treten zwar nicht quantitativ, was die Zahl der Betriebe angeht, aber unbedingt, was Bedeutung der Sache angeht, die verschiedenen Formen der unpersönlichen Erwerbsunternehmungen, die Aktiengesellschaften, die Kommanditgesellschaft auf Aktien, die Gesellschaften m. b. H. in den Vordergrund. Sie sind heute die entscheidenden Träger der wirtschaftlichen Bewegung.

Diese Periode ist ferner charakterisiert durch die von Preußen zuerst inaugurierte, dann allgemein von den anderen deutschen Staaten durchgeführte Beseitigung des Zunftzwanges und durch die Einführung der Gewerbefreiheit, die natürlich vorhanden sein mußte, wenn man die Freiheit der Unternehmung anerkennen wollte, wie man mit der Anerkennung des Koalitionsrechts für die Arbeiter deren Freiheit prinzipiell festgelegt hatte. Dieses Koalitionsrecht der Arbeitnehmer hat allerdings noch eine lange Periode des Kampfes durchmessen müssen, in dem wir noch heute stehn.

Zu gleicher Zeit, in der wir in dieser Periode ein Aufblühen der Industrie haben, haben wir den Beginn des relativen Zurücktretens der Bedeutung der Landwirtschaft. Der entscheidende Grund lag in der Konkurrenz, die die deutsche Landwirtschaft auf dem internationalen Markte erfuhr. Zuerst die Vereinigten Staaten, dann Argentinien, Indien, schließlich Kanada sind auf den Plan getreten und haben mit dem deutschen Getreide konkurriert. Es haben sich Weltmarktpreise für Brotgetreide herausgestellt, die jedem, der Augen hat zu sehn, zeigen, daß es unmöglich ist, bei den europäischen Grundstückswerten zu Weltmarktpreisen in Deutschland dauernd auf Latifundienbesitz Getreide zu bauen, ohne daß die gesamte Bevölkerung dadurch schwer belastet wird zugunsten einer kleinen Minderheit, die man durch Zölle geschützt hat. Wir wissen alle, daß wir heute eine sehr starke Getreideproduktion haben; aber eine Getreideproduktion, die, soweit sie zum Verkauf gelangt, durchaus nicht etwa abgestellt ist auf den großen Bauernstand im Süden und Südwesten unseres Vaterlandes, sondern die entscheidend abgestellt ist auf den Latifundienbesitz Ostelbiens.

Dieselbe Zeit hat uns weiter eine vollkommene Bevölkerungsverschiebung innerhalb Deutschlands gebracht. Wir haben in den sieben östlichen Provinzen Preußens, Mecklenburg und Hessen von 1816—1871 eine Bevölkerungsvermehrung von ca. 91%, von 1871—1900 von ca. 26%, in den übrigen Teilen Deutschlands, dem Süden und Westen in der ersten Periode eine Zunahme von ca. 23%, in der zweiten von ca. 79%. Bei der heutigen jährlichen Gesamtzunahme der Bevölkerung auf dem Gebiet des heutigen Deutschlands von ca. 900000 Personen jährlich = ca. 1,5% hatten wir folgende Entwicklung. Die Einwohnerzahl wuchs von 1816 (24800000) bis 1840 auf 32780000. Sie betrug 1905 60640000, 1907: 61720000, 1911: 64000000 Personen. Von 1840—1905 haben wir eine Bevölkerungsabnahme in Ostpreußen um 633000, in Pommern um 669000, in Posen um 790000, in Schlesien um 600000 und in Bayern um 700000 Einwohner, — zum großen Teil in rein agrarischen Gegenden, trotzdem wir gerade in diesen Teilen Deutschlands einen sehr starken Geburtenüberschuß haben. Dieser Geburtenüberschuß kommt aber nicht mehr diesen Ländern zugute, sondern wandert in die Städte hinein, weil diese in steigendem Maße der Landwirtschaft die Sorge für die Ernährung des Bevölkerungszuwachses abnehmen, weil diese nicht mehr, wie in früheren Perioden innerer Kolonisation, eine große Zahl von Ansiedlern aufnimmt, sondern in der Hauptsache nur noch Hilfspersonal anzieht. Der Anteil der in der deutschen Landwirtschaft beschäftigten Personen, der berufszugehörigen Personen, ist in derselben Zeit, im Verhältnis zu Handel und Industrie enorm, ganz allgemein zurückgegangen. Wir hatten

	1882	1907
in der Landwirtschaft	42,41%	28,65%
in der Industrie	35,51%	42,75%
im Handel	10,02%	13,41%

Handel und Industrie zusammen haben schon heute einen Anteil von über 56% der gesamten berufszugehörigen Personen. Trotzdem das Tatsache ist, haben wir aber nach dem preußischen Wahlrecht heute noch die glatte Durchführung der dominierenden Großgrundbesitzerinteressen im preußischen Landtag wegen des veralteten Wahlrechts, das aufgebaut ist auf einer Wahlkreiseinteilung, die mit Bevölkerungsverhältnissen rechnet, die mit den heutigen, auf denen unsere Parlamente beruhen sollten, nichts mehr zu tun haben. Insbesondere die Frage der Wahlkreiseinteilung ist nach dieser Richtung also die politisch entscheidende.

Doch das sind preußische Fragen. Wie steht's mit dem Reich? Die enorme Bevölkerungszunahme seit 1871 ist auch hier nicht von der Landwirtschaft, sondern der Industrie aufgenommen.

Wir müssen also unbedingt der Tatsache ins Auge sehn, daß wir in der Periode von 1871 bis heute übergegangen sind vom etwas überwiegenden Agrarstaate zum unbedingt und weitaus überwiegenden Industriestaate. Das ist die Tatsache, an der nichts irgendwie zu rütteln ist.

Was hat nun das Deutsche Reich uns gebracht? Die Reichsverfassung, das Recht jedes einzelnen Staatsbürgers, teilzunehmen zu gleichem Recht mit allen anderen Staatsangehörigen, denen überhaupt ein Wahlrecht zusteht, an den politischen Entscheidungen über politische und damit wirtschaftliche Dinge, denn das Schicksal der wirtschaftlichen Dinge wird heute in der Hauptsache in den politischen Körperschaften entschieden. Es hat uns weiter gebracht die allgemeine und gleiche Wehrpflicht, die wir in einer Reihe von Bundesstaaten vorher noch nicht gehabt hatten. Es hat uns das allgemeine, gleiche, geheime und direkte Wahlrecht gegeben, das heute wegen seiner Basierung auf einer gänzlich veralteten Wahlkreiseinteilung wesentlich an Inhalt und Wert eingebüßt hat. Es hat uns die grundsätzliche Anerkennung der politischen Gleichwertigkeit des einzelnen Staatsbürgers gebracht. Die Landesverfassungen innerhalb des Deutschen Reiches hatten bei der Begründung des Deutschen Reiches in dieser Beziehung teilweise weniger geboten. Inzwischen hat sich das verschoben. In einem großen Teil der Bundesstaaten sind moderne Wahlkreisregulierungen, mit Rücksicht auf die tatsächlichen Verschiebungen eingeführt. Es sind in einer Reihe von Bundesstaaten Wahlrechte eingeführt worden, die weit über das Maß des territorialen Landesrechtes zur Zeit der Begründung des Deutschen Reiches hinausgegangen sind. Das wirft ein bestimmtes Licht auf das heutige Preußen, das es ablehnt, ein modernes Wahlrecht für sich einzuführen, weil ja das bestehende preußische Wahlrecht ein Korrektiv bilde solchen modernen Bestrebungen gegenüber, besonders im Verhältnis zu dem zu freiheitlichen Reichstagswahlrecht.

Was ist nun heute die wirtschaftliche Basis dieser politischen Verhältnisse? Wir haben die Gewerbefreiheit am Schlusse der vorigen Periode, kurz vor 1870 erreicht. Wir haben das Recht des wirtschaftlichen Individualismus fast unbedingt in unserer Gesetzgebung zur Zeit der Entstehung des Deutschen Reiches durchgeführt. In der Praxis haben wir heute, wie ich Ihnen eingangs sagte, eine glänzende wirtschaftliche Lage. Wir stehen zweifellos unter den führenden Völkern in Europa und in der Weltwirtschaft. Aber führen wir diese Grundgedanken, auf denen unsere Wirtschaft und unsere Politik rechtlich aufgebaut ist — Koalitionsrecht und Gewerbefreiheit, prinzipiellen wirtschaftlichen Individualismus — führen wir ihn durch? Die Frage stellen heißt sie verneinen. Genau das Gegenteil geschieht. Wir sehen Tag für Tag die Vereinigung der Interessenten zu Kartellen, zu Syndikaten. Wir verfolgen die allmähliche Zusammenballung der verschiedenen Unternehmungen zu größeren Unternehmungen, die zur Bedrängung und Vernichtung der kleineren führen kann; wir können vielleicht schon Trusts auch bei uns in Deutschland im Hintergrunde erkennen. Wir können nicht verkennen, daß sich Familiengesellschaften, Konzerns, Interessengemeinschaften heute bilden, die tausende, teilweise über hunderttausend Arbeiter als abhängig in sich zusammenfassen. Wir haben an Stelle der lokalen Preisschwankungen auf den Märkten, die wesentlich nur wurden, wenn große Witterungseinflüsse oder politische Ereignisse eine ganze Periode ungünstig erscheinen ließen, heute internationale wechselnde Konjunkturen, die in großen Wellenbewegungen die Entwicklung sich vollziehen lassen. Wir sehn, wie die Arbeitgeber versuchen, sich zu koalieren. Wir sehn, wie entsprechend den positiven Vorschriften des gemeinen Rechts und des Gewerberechts die Arbeitnehmer versuchen, sich zu koalieren, mit dem positiven Zwecke, dem grundlegenden Faktor für unsere gesamte wirtschaftliche Verfassung, dem freien Arbeitsvertrag, mit einer neuen Form einen neuen, wahreren Inhalt zu geben, um dem schöpferischen Gedanken des Gesetzgebers gerecht zu werden. Der freie Arbeitsvertrag der Gewerbeordnung war individuell aufgefaßt. Das Koalitionsrecht sollte auf ihn an sich gar keinen Einfluß ausüben. Die Verhältnisse haben dahin geführt, daß die gesamte Entwicklung dahin geht, gerade den individuellen Arbeitsvertrag allgemein zu beseitigen und an seine Stelle den kollektiven Arbeitsvertrag zu setzen, damit eben dem isolierten schwächeren Individuum der Schutz der Koalition werden kann, durch den er nach den tatsächlichen Erfahrungen der letzten Jahrzehnte allein seinen Willen überhaupt in Verhandlungen über den Arbeitsvertrag, die Grundlage seines Lebens, zur Geltung bringen kann. Wir haben also praktisch die Entwicklung der Arbeitsverhältnisse zu einem Kampf zwischen zwei Lagern, zu einem Kampf zwischen Arbeitnehmern und Arbeitgebern. Das Ziel steht vor aller Augen: Die Ausschaltung der freien Konkurrenz.

In dieser Zeit ist die Sozialdemokratie entstanden. Sie ist entstanden als politische Partei. Die Ideen, die ihr zugrunde gelegen haben, sind ausschließlich politischer, sozialphilosophischer Natur. Was ist sie geworden? Von dem metaphysischen Inhalt ihres Programmes ist so gut wie gar nichts geblieben. Auf Parteitagen wird ev. dieses Mäntelchen noch einmal umgehängt, aber in praxi ist die Sozialdemokratie heute die Arbeiterpartei. Es wäre ein großer Fehler, wenn man an dieser Tatsache einfach vorbeigehen wollte. Sie ist die Vertreterin der Arbeiterinteressen, soweit die Arbeiter nicht landwirtschaftlich tätig sind. Die landwirtschaftlichen Arbeiter sind bisher noch nicht sozialdemokratisch oder sonst organisiert.

Da trat kurz nach der Gründung des Reichs 1873 eine ganz neue Konstellation ein; eine der großen Krisen, wie die von 1857, die eine enorme Zahl von Existenzen vernichtete. Sie ist nach Meinung mancher Nationalökonomen in ihrer Bedeutung damals überschätzt worden. Es ist ein eigen Ding, darüber nachträglich urteilen zu wollen. Jedenfalls der Eindruck, den diese Krisis auf die Gesamtheit der arbeitenden, produzierenden Bevölkerung damals gemacht hat, ist enorm gewesen. Sie hat tatsächlich in weiten Kreisen der Industrie zu einer Panik geführt, und die Arbeiterbewegung, die natürlich durch die eintretende Arbeitslosigkeit begann, höchst bedenkliche Formen anzunehmen, wurde direkt durch die Tatsache dieser Krisis alimentiert. Unter dieser Situation hat Bismarck versucht, einen politischen Gedanken, der ihm seiner Provenienz nach, seiner ganzen Lebens- und Weltauffassung naheliegen mußte, durchzuführen. Er hatte das Deutsche Reich geschaffen mit den liberalen Parteien in allen Schattierungen. Sie war die machtvolle Linke des neuen Reichstags, seine Majorität. Aber sie war ihm im höchsten Grade unbequem und seiner Weltanschauung zuwider, und wenn er ihr hundertmal dankbar sein mußte, daß sie ihm den Steigbügel gehalten hatte, daß sie es ihm ermöglicht hatte, das deutsche Volk hineinzuführen in das neue Deutsche Reich, so hat er niemals nationalliberal gedacht. Der Gedanke, daß diese Partei auf die Dauer die Majorität im Reich habe, so daß Deutschland auf die Dauer in nationalliberalem Sinne regiert werden müsse, dieser Gedanke hat ihn lange Zeit beunruhigt. Und in dieser Zeit der Panik sind drei Gedanken Bismarck nahegekommen: einmal die Idee eines Zollschutzes für die notleidende Landwirtschaft, für die Landwirtschaft, die durch den Weltmarkt, durch die internationale Produktion sich bedroht sah — sie war bedroht, das unterliegt gar keinem Zweifel — weiter die Einführung eines Schutzes für diejenigen Teile der Industrie, die damals im Wettbewerb besonders mit England und Belgien, auch mit Nordfrankreich, zu unterliegen drohten, und schließlich der Gedanke, unbedingt eine Basis finden zu müssen für die Finanzen des Deutschen Reiches, die bei der Verfassung von 1871 schlecht weggekommen waren. Sie hatten eine Form erhalten, die dem Reich eine selbständige Finanzpolitik unmöglich machte. Diese Gedanken sind von Bismarck, weil sie keinen Widerhall in der damaligen liberalen Majorität des Reichstags fanden, gegen den Liberalismus durchgeführt worden, indem er eine Majorität aus Zentrum und Konservativen schuf, durch die wir den Beginn der landwirtschaftlichen Schutzzölle und der industriellen Schutzzölle 1879 bekommen haben. Zugleich ist damals der Versuch zu einer Finanzwirtschaft gemacht, die das Reich selbständig machen sollte, was ja bekanntlich nicht gelungen ist. Die Durchführung dieser Ideen bedeutete die Abkehr von den Grundlagen der bisherigen Politik Deutschlands. Die nächsten Jahre, die durch auf internationaler Konjunktur beruhende mangelhafte wirtschaftliche Entwicklung charakterisiert sind, haben damals zu den Arbeiterbewegungen geführt, die man durch das Sozialistengesetz niederzuhalten versuchte. Die Erkenntnis, daß es dauernd unmöglich sei, rein repressiv zu regieren, hat dann Bismarck zu dem wahrhaft staatsmännischen Versuch geführt, diese größten Teile unserer Bevölkerung durch das Prinzip der Staatsversicherung allmählich dem Staate wieder zuzuführen. Den Gedanken der Alters-, Invaliditäts- und Unfallversicherung hat Bismarck im wesentlichen aus allgemeinen staatspolitischen Erwägungen heraus hervorgebracht. Aber trotz dieser Entwicklung haben wir bei der Masse des Volkes allgemein ein allmähliches Fortschreiten zu immer radikaleren Auffassungen in der Politik gehabt. Wir haben die allmähliche Schwächung und Proletarisierung des Mittelstandes erlebt, wir haben das Anwachsen der politisch organisierten Vertretung der Arbeitnehmer gesehen, durch die der Mittelstand lebhaft beunruhigt wird. Wir müssen endlich wieder dahin gelangen, zu versuchen, uns einmal wieder zu besinnen auf die großen Gemeinsamkeiten, die ein Volk in seinen wirtschaftlichen und politischen Beziehungen als Ganzes hat. Das Ziel politischer Bewegung muß es heute in erster Linie sein, das Gefühl für das Gemeinsame trotz der verschiedenen Interessen aller zu wecken, nicht einzelne wirtschaftliche Ideen zu propagieren, sondern im Gegenteil, in jedem Bürger immer wieder den Gedanken wachzurufen, daß er nicht allein für sich da ist, sondern daß das politische Wesen des Menschen darin besteht, daß er sich als Teil eines Ganzen fühlt. Wir kommen damit zu politischen Forderungen, die aufgebaut sind auf unseren wirtschaftlichen Nöten und Verhältnissen. Innerhalb eines modernen Staates, in dem es nicht auf die rohe Kraft allein ankommt, muß das unbedingt erstrebt werden, für die wirtschaftlichen Interessen der Gesamtheit den zutreffenden allgemeinen politischen Ausdruck zu finden. Pflicht ist es daher, aufklärend nach der Richtung hin zu wirken, zu zeigen, wo unsere wahren Interessen liegen, wie sie beschaffen sind, wie weit sie tatsächlich begründet sind, und dafür zu sorgen, daß in jedem einzelnen das Pflichtbewußtsein klar bleibt oder klar wird, daß es sich um die Notwendigkeit eines Ausgleichs der Interessen der Angehörigen einer Volkswirtschaft und eines Reiches handelt.

II. Über Lohn und Unternehmergewinn.

Lohn und Unternehmergewinn sind die hervorstechendsten Erscheinungen in dem Verhältnis zwischen Arbeitgebern und Arbeitnehmern, weil Lohn und Unternehmergewinn die beiden wirtschaftlichen Endfragen sind, um die es sich für die beiden gegenüberstehenden Kreise handelt. Die Aufgabe ist auch hier, den Zusammenhang der wirtschaftlichen Verhältnisse mit den politischen Entwicklungen vorzuführen, klarzumachen, daß unsere politischen Verhältnisse auf ganz bestimmter wirtschaftlicher Basis begründet sind.

Wir haben zwei große Teile der wirtschaftenden Bevölkerung zu unterscheiden, wenn wir die Bevölkerung unter dem Gesichtspunkt ansehen, daß für ihre Wirtschaft die Institution des Privateigentums maßgebend ist. Solange wir grundsätzlich an der Tatsache des Privateigentums nicht rütteln, stehn einander immer zwei Kreise gegenüber: Unternehmer und Lohnarbeiter. Wir fassen unter dem Begriff Lohnarbeiter zusammen alle diejenigen, die nicht Unternehmer sind, also alle Angestellten, welchem Kreise sie auch angehören mögen; ganz einerlei, ob sie mehr geistige oder mehr körperliche Arbeit verrichten. Die Frage der wirtschaftlichen Abhängigkeit ist nach dieser Richtung das allein Entscheidende. Der Unterschied der beiden Kreise liegt darin, daß der Unternehmer verfügt über die drei Produktionsfaktoren, die überhaupt für unsere Wirtschaft in Betracht kommen: über Natur, Kapital und Arbeit, während ihm gegenüber die große andere Gruppe steht, die nichts weiter hat als nur ihre Arbeit; die Möglichkeit, Arbeit anzubieten und zu leisten. Daraus folgt zuerst, daß der Unternehmer unter allen Umständen — abgesehn von allen seinen anderen Seiten — für alle anderen Personen etwas Besonderes bedeutet; er stellt die Nachfrage nach Arbeit dar, der Lohnarbeiter liefert das Angebot. Es bildet sich also für die Ware „Arbeit" ein Markt. Marktfragen sind an und für sich rein wirtschaftliche, persönliche, private Fragen. Aber in unserem Staate stehn wir nicht mehr auf dem Standpunkte des alten Nachtwächterstaates, der nichts weiter zu tun brauchte, als die Tätigkeit des Büttels auszuüben, der die Türen zuhält, damit kein Feind von außen eindringt. Wir leben heute in einem Staate, in dem die sozialen Fragen anerkannt sind als Staatssachen, in dem anerkannt ist, daß der Staat als Vertreter der Allgemeinheit das Recht und die Pflicht hat, sich um die allgemeinen Interessen zu bekümmern, und zwar besonders dann, wenn diese privaten Interessen in einzelnen Punkten kollidieren, wenn Interessenkonflikte entstehen. Die Frage des Arbeitsmarktes ist in unserm sozialen, modernen Staate keine Frage rein privater Natur mehr, sondern eine Frage, die vitale, öffentliche Interessen berührt. Seit der Berufs- und Betriebszählung von 1907 steht es fest, daß wir bei unserer dauernd wachsenden Bevölkerung den Übergang zum überwiegenden Industriestaate vollzogen haben. Infolgedessen steht das industrielle Lohnproblem und die Frage des industriellen Unternehmergewinns im Vordergrund des Interesses aller wirtschaftlich und politisch am öffentlichen Leben teilnehmenden Kreise.

Das Resultat der Verschiebung der Bevölkerung, wie sie bis 1907 eingetreten ist, ist das, daß von einer Gesamtbevölkerung, die wir ja heute auf ca. 65 Millionen zu beziffern haben, ungefähr 25,6 Millionen nur als Arbeitnehmer beteiligt sind. Weit über die Hälfte der Bevölkerung ist aber an dem Problem Lohn und Unternehmergewinn direkt beteiligt. Die Zahl der Unternehmer ist relativ klein, ihr Gewinn ist in absoluten Größen kaum zu ermitteln. Welchen Anteil an der Gesamtarbeit des Volkes sie für sich in Form des Unternehmergewinnes beanspruchen und erhalten, entzieht sich der statistischen Aufnahme vollständig, weil die weitaus größte Zahl der sämtlichen Unternehmer nicht zu irgend welcher öffentlichen Rechnungslegung verpflichtet ist und sie selbstverständlich freiwillig auch nicht ohne weiteres gibt. Wir können den Unternehmergewinn annähernd nur bei denjenigen Erwerbsgesellschaften ermitteln, die zu öffentlicher Rechnungslegung, zur Vorlegung einer Bilanz verpflichtet sind. Die Rechnungslegung der verschiedenen Aktiengesellschaften zeigt nun positiv, daß eine gar nicht so sehr große Gewinnziffer herauskommt. Es handelt sich in der Hauptsache um Gewinne von 3,3—7,9 % des Anlagekapitals, abgesehen von der chemischen Industrie, die als Weltindustrie auch hier eine ganz besondere Stellung einnimmt. Die gewöhnliche Anschauung, besonders innerhalb der Arbeiterkreise, geht ja nun dahin, daß der Anteil des Unternehmergewinns an dem, was volkswirtschaftlich über die Produktionskosten insgesamt hinaus erarbeitet ist, ein derartig hoher sei, daß er unbedingt beseitigt werden müsse zugunsten einer anderen Verteilung der Erträge der volkswirtschaftlichen Arbeit. Sie behauptet ferner, daß der Unternehmergewinn in der Hauptsache eine Übervorteilung der Arbeiter bedeute, er sei nur durch ein Zurückdrängen der Ansprüche der Arbeiter innerhalb der volkswirtschaftlichen Arbeit zustande gekommen; der Unternehmer erhalte auf Kosten des Arbeiters nicht allein zu viel, sondern eigentlich den ganzen Gewinn und beute die Arbeiter aus. Wenn das wirklich der Fall wäre, so würde das natürlich unbedingt das Eingreifen der Allgemeinheit erfordern.

Wir haben also zu fragen, wie weit sind diese Stimmungen, die immer wieder allgemein ausgesprochen werden, irgendwie beweisbar. Was ist eigentlich die Grundlage des Problems: w a s i s t e i n U n t e r n e h m e r ? Ein Unternehmer ist volkswirtschaftlich derjenige, der die vorhandenen Produktionsmittel, die Produktionselemente Natur, Arbeit und Kapital, also das Material, die Stoffe, Kapital, Werkzeuge, Maschinen usw. zusammenbringt, der Arbeiter anstellt, die diese sämtlichen Produktionsmittel erst zum Leben erwecken sollen durch die Anweisung, die ihnen vom Unternehmer gegeben wird; er ist also die Instanz, die die sämtlichen Produktionselemente in ihrer Hand verbindet und durch ihre vernünftige Verwendung wirtschaftliche Ziele irgend welcher Art erreicht, regelmäßig Ware produziert, Waren für den Markt herstellt. Der Unternehmer muß dreierlei leisten: Er muß, bevor er produzieren kann, erst das Verfügungsrecht über die sämtlichen Produktionselemente, die zu seiner Produktion notwendig sind, erwerben; er muß sie in seiner Hand vereinen, er muß eine Fabrik bauen und dazu Grund und Boden erwerben, er muß die Fabrik einrichten; er muß weiter den Produktionselementen eine bestimmte Richtung geben, er muß Rohstoffe und Halbfabrikate, je nach der Art seiner Produktion, kaufen oder herstellen, er muß unter seiner Leitung produzieren lassen und den Absatz organisieren, und er muß dies alles ausschließlich auf eigene Rechnung und Gefahr tun. Es gibt für ihn keine Instanz, bei der er sich etwa Rat holen oder gar gegen das Risiko der Produktion versichern könnte. Er kann höchstens mit offenen Augen von der Konkurrenz lernen. Das ist der selbständige Unternehmer. Ihm am nächsten steht der Leiter eines Erwerbsunternehmens, einer Erwerbsgesellschaft — der Direktor einer Aktiengesellschaft, er selbst ist aber nicht Unternehmer, er selbst ist Angestellter seines Betriebes, es sei denn etwa, daß er eine ihm gehörige Fabrik in eine Aktiengesellschaft umgewandelt hat und trotzdem die Majorität der Aktien noch in seinem Besitze hat, dann ist er allerdings sowohl Direktor wie Unternehmer. Der normale Direktor der Aktiengesellschaft ist nicht Unternehmer, er ist nur Angestellter, Leiter seines Betriebes, Unternehmer ist die Summe der Aktionäre. Was ist nun das Unternehmereinkommen? Das ist die Vorfrage, denn auf einem Unternehmereinkommen kann ja erst ein Unternehmergewinn basiert werden. Das Unternehmereinkommen ist das Ergebnis der kombinierten Verwendung der für ihn vorhandenen produktiven Kräfte. Es entsteht aus dem Rohertrag der Produktion, nachdem man von diesem Rohertrag die Produktionskosten abgezogen hat. Zuerst kommen in Betracht die Kosten, die für die Benutzung von Grund und Boden aufzuwenden sind, die Zahlung der Grundrente, dann die große Summe für Zinsen für stehendes und umlaufendes Kapital; einerlei, ob das Kapital ihm gehört oder von ihm ausgeliehen ist; dann die Entschädigung für Abnutzung und Verlust von Kapital, also eine Amortisationsquote für Kapital; dann die privaten Versicherungskosten; hinzu kommen die Kosten der öffentlichrechtlichen Versicherung und die Steuern; zu den Steuern kommen ev. Wohlfahrtseinrichtungen, die über das Maß der gesetzlichen Forderungen hinausgehen, sowie solche im Interesse des Betriebes und nicht etwa aus humanen Gründen beschafft sind, es kommen dann Materialbeschaffungskosten und die Arbeitslöhne in Betracht. Sie sehen aus dieser Zusammenstellung, daß beim Unternehmereinkommen die Arbeitslöhne gewiß eine Rolle spielen, aber eben nur eine Rolle. Alles andere ist vorher zu erledigen. Die Arbeitslöhne, ebenso selbstverständlich die Materialbeschaffungskosten müssen nun teils vor Beginn teils vor Ablauf der Produktion vom Unternehmer vorher verauslagt werden aus dem von ihm erworbenen oder auf anderem Wege beschafftem Kapital, unter allen Umständen aus einem von ihm besorgten Kapital. Das ist ja der einzig mögliche Weg wegen des Risikos, das der Arbeiter laufen würde, wenn man ihn eben zu diesen Maßnahmen heranziehen wollte. Der Lohnarbeiter muß im voraus, während des Verlaufs der Produktion, unter allen Umständen vor Beendigung der Produktion entlohnt sein, und er muß für seine Lieferung der Ware Arbeit vollständig entlohnt sein; er muß den Preis der Ware Arbeit, die er auf dem Arbeitsmarkt verkauft hat, erhalten haben. Denn der Arbeiter, der Lohnarbeiter fast aller Kreise, muß von Tag zu Tage von dem leben, was ihm der von ihm erarbeitete Lohn bringt; auf Kredit leben kann er nur in den allerseltensten Fällen. Bei dieser Situation fragt sich nun, was erhält denn nun eigentlich der Unternehmer schließlich? Er erhält, solange seine Produktion einen positiven Erfolg hat, Verzinsung und Amortisation seines Anlagekapitals, seines festgelegten Kapitals wie des umlaufenden Kapitals; diese sind ja sein Werkzeug, mit dem er schafft. Er erhält weiter eine Entlohnung für die Verwendung der Produktionselemente, für Aufwendung von Intelligenz und Fleiß innerhalb seines Betriebes; erhält Lohn für geistige Arbeit. Dann verlangt er unbedingt eine Risikoprämie für die Möglichkeit des Mißlingens der Produktion; denn in demselben Augenblicke, wo das Resultat seiner Produktion, nachdem sie abgeschlossen ist, auf dem Markt nicht verkäuflich ist, ist die Gesamtheit oder doch der größte Teil der Produktionskosten verloren. Darum handelt es sich also bei dem Ergebnis der Tätigkeit des Unternehmers. Das ist das Resultat seiner wirtschaftlichen Produktion. Nicht allein der Handarbeiter, der bei irgend einer Unternehmung beschäftigt wird, zeitweilig oder dauernd, sondern ebenso auch der geistige Arbeiter, ist in diesem Sinne wirtschaftlich nie Produzent. Ein Beispiel. Auf die Frage: „Wer ist der Produzent von Goethes Hermann und Dorothea?“ wird man vielleicht geneigt sein zu antworten: „Goethe“; das ist wirtschaftlich durchaus nicht der Fall. Der Produzent von Hermann und Dorothea in der ersten Ausgabe ist Cotta, der Verleger, niemand anders. Goethe hat ihm das Manuskript geliefert, er ist der Autor; er hat für das Manuskript eine Entlohnung, ein Honorar erhalten. Die Bücherausgabe hat Cotta produziert; er hat sein Verlagsgeschäft inklusive Druckereieinrichtungen zur Verfügung gestellt, er hat den gesamten Vertriebsapparat in Bewegung gesetzt und hat schließlich wahrscheinlich einen Unternehmergewinn aus der Produktion von Goethes Hermann und Dorothea erzielt. Das ist der normale Fall, auch bei der geistigen Lohnarbeit. Der Arbeiter ist unter keinen Umständen der Produzent der Güter, die irgendwie konsumreif werden. Der Arbeiter gibt nichts weiter her wie eine bestimmte, entlohnte Arbeitsleistung. Der Nettounternehmergewinn dagegen ist etwas, was man in keinem Sinne irgendwie als etwas Festes hinstellen kann, daß man etwa sagen könnte, es gibt irgend einen Maßstab, nach dem man die Berechtigung bestimmter Höhe irgend eines Unternehmergewinnes festlegen könnte, nach dem man etwa sagen könnte: das ist noch normaler Unternehmergewinn, von da ab hört seine Berechtigung auf. Das Resultat des Produktionsprozesses nach Abzug der sämtlichen Produktionskosten vom Rohertrag ist in jedem Fall Unternehmergewinn; wie hoch er ist, entzieht sich meistens der Berechnung vollständig. Die Berechtigung für die Einziehung des Unternehmergewinns ist gegeben mit der tatsächlichen Leistung des Unternehmers als des allein das Risiko der Produktion tragenden Produzenten.

Der Netto-Unternehmergewinn wird nun entscheidend beeinflußt dadurch, wie weit der Unternehmer imstande ist, die Materialbeschaffungs- und Verwendungskosten und die Arbeitslöhne in ihrer Höhe zu beeinflussen. Wenn es ihm gelingt, diese beiden Teile der Produktionskosten herabzudrücken, so wird er dadurch ohne jeden Zweifel einen höheren Unternehmergewinn als sonst erzielen. Die Beeinflussung dieser beiden Momente — Materialkosten und Lohn — ist aber nach verschiedenen Richtungen möglich. Die materiellen Produktionskosten werden regelmäßig durch jeden technischen Fortschritt herabgedrückt. Das Streben der Technik geht immer wieder auf Verbilligung der sämtlichen technischen Verwendungsmöglichkeiten von Material. Die zweite Frage ist, ob es gelingt, die Löhne herabzudrücken, und ob das ebenso wie die Verbilligung der Produktion durch technische Fortschritte im Interesse des gesamten Produktionsprozesses liegt. Der Preis der Arbeit hängt hauptsächlich von der Frage ab, wie sich Angebot und Nachfrage nach Arbeit im einzelnen Fall stellen. Die Lohnfrage gipfelt also schließlich darin, wie weit es gelingt, die Interessen der beiden Teile, die an der Produktion in der Hauptsache beteiligt sind — die der Unternehmer und die der Arbeitnehmer, der Lohnarbeiter —, auf einem Punkt zusammenzuführen, wo deren beiderseitige Interessen nach deren beider übereinstimmender Meinung gewahrt sind. Das überwiegende Interesse des Unternehmers als des Produzenten wird wegen der Beteiligung der Arbeitslöhne an der Höhe seiner Produktionskosten meistens auf eine Senkung des Lohnniveaus gerichtet sein, und umgekehrt wird das Interesse des Arbeiters als das des Verkäufers seiner Arbeit, der mit deren Preis seine Konsumtion bezahlen muß, der aber konsumieren muß, in allererster Linie auf eine Erhöhung des Lohnes gerichtet sein. So liegt stets ein Kampf der beiden einander gegenüberstehenden Parteien um die Höhe des Lohnes vor.

Wie steht es nun mit der Entlohnung des Arbeiters? Hat er Anspruch auf Unternehmergewinn oder auch nur einen Anteil am Unternehmergewinn? Ein Anspruch auf Anteil am Unternehmergewinn für den Arbeiter kann an sich, außer im Fall vertraglicher Abmachung in keinem Sinne irgendwie und irgendwo entstehn. Er hat nichts weiter getan als das, was er allein konnte, seine Arbeit in den Dienst des Unternehmens gestellt. Er hat seine Ware „Arbeit" verkauft und für diese, allerdings eine Ware besonderer Natur, einen Preis erhalten, den wir Lohn nennen. Auf dem sog. freien Arbeitsmarkt verkauft der freie Arbeiter theoretisch seine Arbeit, genau wie der freie Unternehmer seine Produktion absetzt. Die Form ist die, daß der Arbeiter mit einem Unternehmer einen freien Arbeitsvertrag abschließt, durch den er sich als Lieferer einer bestimmten Arbeitsleistung gegen bestimmten Lohn in den Betrieb und damit in die Befehlsgewalt eines anderen, des Unternehmers, begibt. Der Arbeiter disponiert über den Verkauf seiner Ware Arbeit nach Maßgabe der Grenzen, die Angebot und Nachfrage auf dem freien Markte ziehen, vollkommen selbständig und frei. So sagt das Gesetz, so sagt unter der Herrschaft des Prinzips der Gewerbefreiheit die Gewerbeordnung. Der Arbeitsvertrag ist vollkommen frei, jeder einzelne Beteiligte vertritt sein Recht selbst; wenn er einen Arbeitsvertrag so oder so abschließt, so hat niemand etwas hineinzureden. Es war ja sein freier Wille. Das war nicht immer so. Die Zeiten, in denen die Arbeit durchaus nicht frei, sondern gebunden war, liegt gar nicht weit hinter uns zurück. Ich sehe ganz ab von Sklavenarbeit, ich meine speziell die Gebundenheit der Arbeit, die wir durch das ganze Mittelalter hindurch bis in die zweite Hälfte des vorigen Jahrhunderts hinein gehabt haben, die zünftige Gebundenheit, die innungsmäßige Gebundenheit der Arbeitsverfassung, deren Organisation auf den Arbeitsmarkt Einfluß nahm; deren hauptsächlichste Tätigkeit gerade darin lag, den Arbeitsmarkt von sich aus zu beeinflussen. Wir haben heute im Gegensatz dazu den formell vollkommen freien Arbeitsvertrag. Die zünftige Gebundenheit und alles, was damit zusammenhängt, ist im großen und ganzen mit der Gewerbeordnung gefallen. Das Resultat sollte der freie Arbeitsvertrag sein. Wir haben dann wieder eine lange Zeit gebraucht, bis wir es durch eine Unmenge von Novellen zur Gewerbeordnung zu ihrer grundsätzlichen Abänderung gebracht haben. Das jetzige Gesicht der Gewerbeordnung ist, was den freien Arbeitsvertrag anbetrifft, ein ganz anderes, als es die alte Gewerbeordnung zeigte. Wir leben heute in einem Übergangszustand nach dieser Richtung hin. Wir sind im Begriff, an Stelle des theoretisch freien, durch die Entwicklung der Dinge unfrei gewordenen individuellen Arbeitsvertrags einen neuen, den wahren Verhältnissen entsprechenden zu setzen. Die Gesetzgebung und die positive Entwicklung des Arbeitsmarktes und des Verhältnisses zwischen Arbeitgeber und Arbeitnehmer haben sich seit zwei Generationen gründlich gewandelt.

Die Höhe des Arbeitslohnes ist beim Lohnarbeiter das

Resultat des Arbeitsvertrages, den er schließt. Das ist der entscheidende Grund, weswegen das Streben, das zielbewußte Streben fast der gesamten Arbeiterschaft darauf hinausgeht, zu versuchen, innerhalb der Grenzen unseres heutigen öffentlichen und privaten Rechts einen Arbeitsvertrag zu schaffen, auf den sie selbst wirklich Einfluß haben. Wie ist das heute im allgemeinen? Wenn wir den isolierten Arbeiter nehmen, — ein hypothetischer Fall —, der zu Krupp geht und Arbeit sucht, so schließt er natürlich nicht mit Herrn Krupp v. Halbach einen Arbeitsvertrag ab, sondern er wird von irgend einem Beauftragten empfangen und ev. bei Nachfrage nach Arbeit eingestellt; zu welchen Bedingungen das erfolgt, das pflegt im allgemeinen, wenn der einzelne Arbeiter kommt, nicht gerade ein Resultat von langen Verhandlungen zu sein, sondern es wird einfach gesagt: wir haben die und die Stelle offen zu den Bedingungen, die im Betriebe festliegen; verhandelt wird über die Höhe des Arbeitslohnes und die sonstigen Arbeitsbedingungen grundsätzlich selbstverständlich nicht. Infolgedessen bleibt für die Arbeiter nichts weiter als der Versuch übrig, innerhalb der Grenzen des vorhandenen, allmählich erweiterten Koalitionsrechtes zu versuchen, durch Vereinigungen und die damit ermöglichte Ausübung eines Druckes auf die Unternehmer die Arbeitsverträge in ihrem Inhalte, besonders nach der Seite der Lohnhöhe hin, zu beeinflussen. Derartige Versuche haben sich in den ersten Stadien dieser Entwicklung ganz regelmäßig entladen in Drohartikeln in der Presse, in Ausständen, in Streiks ev. mit Streikposten, ferner mit Boykott, Mord und Totschlag. An diese Entwicklung hat sich eine andere gereiht, eine friedlichere, indem große Gruppen von Arbeitern sich organisiert und versucht haben, zu Verträgen mit den Unternehmern zu gelangen, die basiert sind auf einer schiedlich-friedlichen Übereinkunft zwischen Organisationen der Arbeitnehmer mit Organisationen der Arbeitgeber und mit einzelnen größeren Arbeitgebern. Es ist auf diesem Wege versucht worden, Mächte zu schaffen,

Gewichte auf der Arbeitnehmerseite zu schaffen, die bei der besonderen Lage des Arbeiters, der auf seine Arbeit allein angewiesen ist, gegenüber dem vorhandenen Übergewicht des Unternehmers überhaupt in Betracht kommen können. Soweit diese Organisationen sich in den gesetzlichen Grenzen halten, sind sie das selbstverständliche Mittel zur Erzielung besserer Arbeitsbedingungen, zur Beeinflussung des freien Arbeitsvertrages. Dann tritt die Möglichkeit des sog. kollektiven Arbeitsvertrages an den Tag, des Arbeitsvertrages, der nur in der Form eines Tarifes zwischen zwei Gegenkontrahenten abgeschlossen wird, und in dem bestimmte Grundsätze festgesetzt werden — es gibt Tarifverträge der allerverschiedensten Formen, — die nur Grundlagen für den Abschluß von individuellen Arbeitsverträgen bilden sollen. Neben diesen Methoden zur Beeinflussung des Arbeitsvertrages haben wir die Entwicklung zu den verschiedenen Formen der Arbeitsnachweise, den einseitigen der Arbeitnehmer, den einseitigen der Arbeitgeber und den sog. paritätischen, bei dem beide Parteien vertreten sind, den kommunalen wie den privaten, — alles Methoden, die dahin führen sollen, eine Regulierung von Angebot und Nachfrage auf dem Arbeitsmarkt herbeizuführen, um durch Beeinflussung des Arbeitsverhältnisses eine Lohnherabdrückung durch Überangebot oder durch Zurückhaltung von Arbeitsangebot Arbeitsmangel zu verhindern. Schließlich ist der Gedanke vertreten worden, durch Einführung von Arbeitskammern zur Entscheidung bei Arbeitsstreitigkeiten zu versuchen, eine Instanz zu finden, die auf geordnetem Wege versucht, für die Allgemeinheit in dieser für alle Teile vitalen Frage ausgleichend zu wirken.

Es kann nicht geleugnet werden, daß durch eine derartige Ausgestaltung des formal freien und individuellen Arbeitsvertrages — man könnte auch sagen, daß durch eine derartige Methode, zu versuchen, den formal freien Arbeitsvertrag wenigstens relativ zu einem wirklich freien zu machen, die Frage der Verteilung von Lohn und Unternehmergewinn beeinflußt werden kann, insofern, als auf diesem Wege tatsächlich Lohnerhöhungen von den Arbeitern erzwungen werden, oder auf dem Wege gütlicher Vereinbarung erreicht werden können, die zu einer Schmälerung der Unternehmergewinnquote führen können, da diese von der Lohnhöhe beeinflußt wird. Alle diese Methoden sind daher als durchaus gut und nützlich zu betrachten, soweit sie sich auf der Basis der heutigen Gesetzgebung bewegen in der Ausgestaltung von neuen Formen, die zu sozialem Frieden führen sollen. Wenn wir von dem Gesichtspunkte, daß die Lohnhöhe das vitale Interesse des Lohnarbeiters immer darstellt, ausgehn und uns daher auf den Standpunkt stellen, einen Versuch des Arbeitnehmers, die Lohnhöhe nach oben hin zu beeinflussen, regelmäßig gut zu heißen, trotzdem das Interesse des Unternehmers regelmäßig das entgegengesetzte ist, so müssen wir der Frage noch nähertreten: Ist überhaupt anzuerkennen, daß die heutige Verteilung von Lohn und Unternehmergewinn innerhalb der Produktion, die zum Kampf über die Lohnhöhe führen muß, richtig oder falsch ist? Ich deutete vorhin schon an, daß besonders von sozialdemokratischen Agitatoren behauptet wird, daß diese jetzige Verteilung von Lohn und Unternehmergewinn grundsätzlich falsch sei. Das ist unbedingt abzulehnen, sowie die Notwendigkeit der Verschiedenheit der Interessen der beiden Teile bestritten wird. Aber wie steht es mit der Frage, ob der Unternehmergewinn tatsächlich auf Kosten des Lohns zu hoch gehalten wird? Ich sprach vorhin von den Produktionskosten, zu den auch die Kosten der öffentlichrechtlich organisierten Versicherungen, also der Unfallversicherung, der Alters-, Invaliden- und Krankenversicherung gehören; da haben die neuesten Ermittlungen ergeben, daß die Belastung für Arbeitgeber und Arbeitnehmer zusammen, die ja jeder verschiedene Anteile nach der Art der Versicherung tragen, daß diese Gesamtbelastung heute ungefähr, natürlich nur durchschnittlich, 6,75% der Lohnsumme beträgt, davon entfallen durchschnittlich auf die Arbeitgeberseite 3,68%, auf die Arbeitnehmerseite 3,07%. Die Belastung durch die Unfallversicherung beträgt ca. 1,7%, durch die Alters- und Invaliditätsversicherung ca. 1,8%, durch die Krankenversicherung ca. 3—3 1/4 %. Die Kosten der Unfallversicherung tragen bekanntlich die Arbeitgeber in ihren Berufsgenossenschaften allein. Wenn man bei diesen Belastungen der deutschen Unternehmungen, nicht der Unternehmer allein, sondern der Unternehmungen als solcher, zu der selbstverständlich auch der Arbeiter gehört, wenn man diesen die Lasten hinzufügt, die enormen Beträge, die in Deutschland für Wohlfahrtseinrichtungen freiwillig von den Unternehmungen als solchen allein hergegeben sind, und hierbei ist es ganz gleichgültig, ob aus rein humanen Gründen oder zum Zweck der Fesselung von Arbeitern an die Betriebe, — wenn man die zufügt, dann wird man sehen, daß in Deutschland auf diesem Gebiete tatsächlich eine enorme Belastung unserer Unternehmungen vorliegt. Und diese enorme Belastung, die uns gegenüber den wahrscheinlich weniger stark sozialpolitisch zwangsmäßig angestrengten ausländischen Unternehmungen ungünstig differenziert, führt allerdings dazu, zu fragen: Ist auf die Dauer ein immer weiteres Aufsteigen der Lohnhöhe vom Standpunkte der Allgemeinheit aus wirklich das allein Erstrebenswerte, oder gibt es demgegenüber nicht auch Gesichtspunkte, die ganz entschieden dahin führen, auf ein Maßhalten in dem immer weiteren Aufsteigen der durchschnittlichen Lohnhöhe hinzuwirken? Wir müssen auf dem Weltmarkt unbedingt konkurrieren, weil wir nicht imstande sind, unsere gesamte und stetig wachsende Bevölkerung auf die Dauer durch Eigenproduktion von Nahrungsmitteln auf unserem Grund und Boden zu ernähren, wie es an sich vielleicht wünschenswert wäre. Wir sind überwiegender Industriestaat geworden und müssen Brot und Produktionsmittel kaufen; wir müssen also am internationalen Markt konkurrenzfähig bleiben. Ob wir nun wirklich mit einer Belastung unserer deutschen Industrie in der Höhe der Ziffern, die ich eben nannte, tatsächlich rechnen müssen, mag dahingestellt bleiben; es scheint aber so, und es kann nicht verkannt werden, daß unsere gesamte Wirtschafts- und Sozialpolitik in ihrer Weiterentwicklung uns die Kosten unserer Lebenshaltung noch weiter verteuern wird. Auf alle Fälle müssen wir schon jetzt damit rechnen, daß wir mit der internationalen Produktion verknüpft sind und uns unter keinen Umständen eine weitere Steigerung unserer preissteigernd wirkenden Schutzzollpolitik gestatten können. Unter diesen Umständen kann man sagen, daß, wenn man die Lebensbedingungen der deutschen Produktion unter diesem Gesichtswinkel betrachtet, sogar der Gedanke auftauchen kann, ob es nicht richtiger ist, allmählich daran zu denken, von der erreichten Lohnhöhe abzubauen. Von sozialdemokratischer Seite wird behauptet, das sei unmöglich, denn die Löhne, auch wenn sie stiegen, täten das durchaus nur nominal und gewährten nicht etwa tatsächlich den Lohnarbeitern ein höheres Maß von Anteilnahme an den produzierten Kulturgütern. Wenn auch die Löhne stiegen, stiegen die Preise der notwendigen Lebensbedürfnisse in noch viel stärkerem Maße. Diese Behauptung ist nun nach den neuesten Ergebnissen in dieser Verallgemeinerung zurückzuweisen. Eine Steigerung der gewerblichen Löhne ist in Deutschland von 1886 bis 1908 unbedingt eingetreten. Im Steinkohlenbergbau z. B. in Oberschlesien von 490 auf 1016 M., in Niederschlesien von 586 auf 1000 M., im Ruhrbezirk von 772 auf 1494 M., im Saargebiet von 809 auf 1182 M., im Aachener Bezirk von 817 auf 1409 M. Ebenso ist das nachweisbar im Braunkohlenbergbau, im Salzbergbau, für Maurer, Maler, Installateure usw. Bei den Buchdruckergehilfen ist der Mindestwochenlohn in der genannten Periode z. B. von 24,60 auf 31,25 M. gestiegen usw. Demgegenüber ist wichtig ein Zugeständnis Calwers in den „Sozialistischen Monatsheften" 1908 Heft 8 S. 479. Danach ist der Nominallohn der Vollarbeiter von 1895—1908 durchschnittlich um ca. 37—38% gestiegen, das Warenpreisniveau um ca. 25%. Die Reallohndifferenz zwischen Warenpreis- und

Nominallohnsteigerung ist um 12—13%, also jährlich um 1% gestiegen. Also ist ein Lohnüberschuß für die Lohnarbeiter positiv übrig geblieben. Dieses Resultat von Calwer, das als Resultat eines Sozialisten besondere Beachtung verdient, wird auch von Engländern, besonders von Ashley, als richtig anerkannt. Die Arbeiter haben also wenigstens in dieser Beziehung in Deutschland insoweit erreicht, was von der Arbeitnehmerseite aus erstrebt wird. Daneben kommen aber noch andere Gesichtspunkte in Betracht, die von Theoretikern wie von Praktikern, und von Praktikern speziell auf der Unternehmerseite — denn nur sie sind imstande, derartige Maßnahmen durchzuführen — praktisch verwendet wurden, um das zu erreichen, was von seiten der Arbeitnehmer im großen und ganzen immer nur mit dem Streben nach der Steigerung der Lohnhöhe versucht wird, eine Besserstellung der Lohnarbeiter innerhalb des Rahmens der Unternehmung. Es ist durchaus möglich, — der Beweis ist geliefert, — Arbeiter, die sich über das Maß der Tätigkeit, wie sie mit dem ortsüblichen Tagelohn entlohnt zu werden pflegt, erheben, solche qualifizierte Arbeiter in irgend welcher Form an ihrer Mehrleistung teilnehmen zu lassen, sie zu bevorzugen, sie für den Betrieb als solchen dadurch zu interessieren, daß man ihnen nicht allein höheren Lohn bewilligt, sondern daß man ihr Interesse an der Unternehmung hebt, daß man versucht, das, was sie bindet an die Unternehmung, deren Glied sie sind, allmählich in den Vordergrund zu schieben. Man kann dies ermöglichen durch eine Tantiemebeteiligung an dem Nettoresultat eines Unternehmens, ev. durch eine Ausgabe von Anteilen an dem Unternehmen nach Maßgabe der Mehrleistung oder durch Einführung von besonderen Prämien, von Speziallöhnen, von Akkordzuschlägen der verschiedensten Art. Es gibt eine Reihe derartiger Methoden, die Arbeiter, die über den Durchschnitt hinausragen, tatsächlich an der Unternehmung zu interessieren, wie das von Zeiß, Abbe, Frese und anderen geschehen ist. Selbstverständlich ist das nur in ganz bestimmten Unternehmungen möglich, durchaus nicht in jeder Unternehmung. In England sind nach der Richtung hin auf Gebieten Versuche gemacht worden, auf denen wir in Deutschland das nicht getan haben, z. B. beim Steinkohlenbergbau mit der gleitenden Skala, nach der die Löhne festgesetzt werden im Verhältnis zur Schlußausbeute des Jahres, und ebenso Lohnzuschläge entsprechend gezahlt werden. Wir sind nicht zu sehr weitgehenden Resultaten gekommen, und die Hoffnungen, die an diese Versuche geknüpft sind, sind wohl im großen und ganzen stark enttäuscht worden. Aber auf alle Fälle darf nicht aus dem Auge gelassen werden, daß, wenn es gelingt, — das ist aber auch die absolute Voraussetzung, das tatsächliche Niveau, das ethische Niveau der Arbeiter zu heben, die Gewinnbeteiligungsfrage ein ganz anderes Gesicht gewinnen kann, als sie es heute in Deutschland hat.

Aber ist denn nun der Lohn und der Unternehmergewinn bezogen auf die Personen derjenigen, die ihn erhalten sollen, für jede dieser beiden Gruppen dasselbe oder auch nur etwas Ähnliches? Die Frage muß mit einem glatten Nein beantwortet werden. Für den Lohnarbeiter gibt es als Resultat seiner wirtschaftlichen Tätigkeit nichts wie nur seinen Lohn. Der Lohn ist daher sein vitales Interesse, um ihn bewegt sich sein ganzes wirtschaftliches Denken. Das ist beim Unternehmer in Sachen des Unternehmergewinns allerdings auch der Fall, soweit er nicht Philanthrop ist. Als Unternehmer ist für ihn natürlich auch das Resultat seiner Produktion das Ziel seiner Arbeit, so lange steht für ihn im Mittelpunkt sein Unternehmergewinn. Aber das Gefühl, das den Lohnarbeiter beherrscht, wenn er den Lohn, den er beansprucht, nicht erhält, ist ein ganz anderes als das des Unternehmers, dem der Unternehmergewinn entgangen ist. Den Lohnarbeiter, es sei denn, daß er ein kleines Kapital als Rückhalt hat, bringt das Fehlen des Lohnes direkt zum Hunger, denn er muß leben, und der allergrößte Teil der Lohnarbeiter lebt von der Hand in den Mund und kann nicht oder will nicht sparen. Beim

Unternehmer, der von vornherein Kapital, Natur und Arbeit für seinen Produktionsprozeß mitbringt, ist das Aufhören des Unternehmergewinns gewiß ein sehr schwerer Schlag, aber ein Schlag, den er überwinden kann, solange diese Situation nicht chronisch wird. Der fehlende Unternehmergewinn bringt ihn nicht ohne weiteres zum Hunger. Die krasse Not tritt durch das Fehlen des Unternehmergewinns nicht sofort ein, sie tritt aber regelmäßig ein in der großen Mehrzahl der Fälle beim Fehlen der Löhne. Es ist aus diesem Grunde einfach selbstverständlich, daß, mögen auch Organisationen irgend welcher Form gefunden werden, die dem Arbeitnehmer einen wesentlicheren Einfluß, als ihn die Gewerbeordnung an sich ihm zubilligt, auf den Inhalt des Arbeitsvertrages in die Hand geben; es wird auf alle Fälle immer in der Hand des Unternehmers als des bei diesem Wettstreit oder Kampf, wie man es nennen will, materiell Stärkeren, unbedingt die Macht liegen. Der Unternehmer wird unter allen Umständen auf die Dauer immer die größere Macht ins Gewicht zu werfen haben für den Abschluß des Arbeitsvertrages, für den Inhalt des Arbeitsvertrages und für die Lohnhöhe.

Eine Identität der Interessen der Arbeitgeber und der Arbeitnehmer mit Bezug auf die Höhe von Lohn und Unternehmergewinn kann es überhaupt nicht geben. Aber das, was es geben kann, ist die Beseitigung des Gedankens, daß, weil ein Gegensatz in dem Interesse an der Bemessung von Lohn und Unternehmergewinn an sich vermöge der kapitalistischen Konstruktion unserer wirtschaftlichen Tätigkeit besteht, daß deswegen etwa die alte Verelendungstheorie richtig sei, nach der durch die Beeinflussung des Arbeitsvertrages durch den Unternehmer allmählich eine Herabdrückung der Arbeitnehmer zum Proletariat grundsätzlich herbeigeführt wurde, oder wo sie auch nicht grundsätzlich bekundet wird, so doch im natürlichen Laufe der Entwicklung für den Arbeiter eintreten müßte.

Im Gegenteil, es muß gerade, wenn man ganz klar erkennt, daß es sich nicht um eine Gleichheit von Interessen auf diesem Gebiet handeln kann, sondern daß im Interessengegensatz zwei Teile miteinander arbeiten müssen, das Ziel und das Interesse der Allgemeinheit sein, nun diejenigen Momente in den Vordergrund zu schieben, die innerhalb der Unternehmung Unternehmer und Lohnarbeiter zusammenführen können. Das Ziel muß also sein, unter voller Anerkennung dieses positiven wirtschaftlichen Gegensatzes der Interessen allmählich zu allgemeiner Erkenntnis des werden zu lassen, daß große allgemeine Interessen auf dem Spiele stehen, deren Gefährdung der Allgemeinheit Schaden bringen kann, wenn wir unsere Interessenkämpfe, unsere Lohnkämpfe, die Kämpfe um Lohn und Unternehmergewinn ausarten lassen in Formen, wie wir sie bis vor kurzer Zeit bei uns besonders in der Zeit hatten, als die Organisationen der Arbeitgeber und Arbeitnehmer sich noch nicht prinzipiell anerkannt hatten, trotzdem das Koalitionsrecht einen derartigen Standpunkt durchaus zuließ. Wenn wir diese Periode allmählich hoffen überwunden zu haben, so ist es die weitere Aufgabe, aufklärend zu wirken dahin, daß die Allgemeinheit das entscheidende Interesse daran hat, daß die Unternehmung als solche durch das Zusammenarbeiten von Unternehmer und Lohnarbeiter konkurrenzfähig bleibt auf dem inneren wie dem internationalen Markt. Das ist natürlich nur möglich, wenn vollkommen offen zugestanden wird, daß die beiderseitigen Interessen vertreten werden dürfen, daß nicht etwa der eine Teil dem andern Dolosität in der Vertretung seiner Interessen vorwirft oder gar soweit geht, im Einzelfall vorhandene Macht zu benutzen, um die rechtmäßige Vertretung der entgegenstehenden Interessen überhaupt nicht aufkommen zu lassen. Also die grundsätzliche Anerkennung der Organisationen ist gerade wegen des Interessengegensatzes bei Arbeitslohn und Unternehmergewinn etwas ganz absolut Notwendiges, wie sie durch die Gesetzgebung durch das heutige Koalitionsrecht erfolgt ist. Das, was wir jetzt in ernster Zeit als Aufgabe auf diesem Gebiete haben, ist die Aufklärung über den Wert der Interessen der Allgemeinheit bei diesem Kampfe um etwas für die streitenden Teile Materielles. Denn wenn wir diesen Kampf sich auswachsen lassen zu einem Kampf, der einem von beiden Teilen, oder höchstwahrscheinlich beiden, schwere Wunden schlägt, werden wir kaum imstande sein, das durchzuführen, was wir durchführen müssen, den internationalen Wettkampf auf den Gebieten, die unserer Produktion heute noch offen stehen. Dazu ist der friedliche Ablauf der Produktion innerhalb der deutschen Volkswirtschaft die Voraussetzung.

III. Agrarpolitische Fragen.

Vorbemerkung. Am 15. Februar 1911 waren von dem Führer der Konservativen, Herrn v. Heydebrand und der Lasa, und vom Reichskanzler, Herrn v. Bethmann Hollweg, zwei Reden gehalten worden, die in großen Zügen tatsächlich die Hauptfragen der Landwirtschaft umfaßten. Ich habe deshalb versucht, am nächsten Tage an der Hand dieser beiden Reden, die Hauptprobleme, um die es sich handelt, klar zu machen. Ich habe damals natürlich die Heydebrandsche Rede nach der „Kreuzzeitung" zitiert. Die entscheidenden Punkte, die die Schlußfolgerungen ziehen, die er im Auge hatte bei seiner Auseinandersetzung mit den Nationalliberalen, um die Absage, die er ihnen erteilte, zu begründen, waren danach wörtlich folgende:

Sehr schmerzlich ist Ihnen, daß wir Ihnen in bezug auf Ihre Landwirtschaftsfreundlichkeit nicht ganz trauen. Gewiß haben Sie Personen unter sich, deren Landwirtschaftsfreundlichkeit über jeden Zweifel erhaben ist, aber Sie haben auch Personen, die gar keine Berührung mit der Landwirtschaft haben und denen gegenüber man äußerste Vorsicht anwenden muß. (Sehr richtig! rechts.) Wollen Sie leugnen, daß der Hansabund die Berufsstände der Industrie tagtäglich gegen die Landwirtschaft verhetzt? (Ruf links: „Der Bund der Landwirte hat ja angefangen." Heiterkeit und lebhafte Zwischenrufe links. Präsident v. Kröcher: „Hier hat doch bloß einer das Wort. Sie können ja nachher das Wort nehmen und erwidern." Ruf links: „Dann machen Sie ja Schluß." Fortgesetzte Unruhe.) Wir haben immer geglaubt, daß die Industrie einheitliche Interessen mit der Landwirtschaft habe und friedlich mit ihr zusammengehen könne; das haben Sie aber durch Ihren Hansabund bewirkt, daß beide sich jetzt wie Todfeinde gegenüberstehen, und das nennen Sie dann Sorge für die Landwirtschaft! Es ist eigentümlich, daß sich jetzt Vertreter der Schutzzollpolitik, die doch gewiß landwirtschaftsfreundlich ist, mit dem Todfeinde, dem Freihandel, verbinden. Da kann ich Herrn v. Bieberstein nicht unrecht geben, wenn er sagt, einer Partei, die solche kolossale Gegensätze in sich birgt, müsse man mit großer Vorsicht begegnen. Die Partei will das Wohl der Landwirtschaft, aber sie bekämpft die Schutzzölle, die sie braucht!

Das sind die entscheidenden Stellen der Rede. Ist das nun wirklich alles wahr? Herr v. Heydebrand spricht von Personen, denen gegenüber äußerste Vorsicht anzuwenden sei, weil sie gar keine Berührung mit der Landwirtschaft haben. Er meint damit alle Nichtlandwirte. Trotz der Insinuation des Herrn v. Heydebrand steht fest, daß jeder, der sich mit diesen Fragen beschäftigt hat, wissenschaftlich und praktisch, ganz gleichgültig, ob er Landwirt ist oder nicht, das Recht hat und eventuell die Pflicht, über diese Dinge nach seinem besten Wissen und Können zu sprechen. In der Hauptsache hat ja Herr v. Heydebrand drei Behauptungen aufgestellt; einmal: Der Hansabund habe einen Gegensatz hervorgerufen zwischen Industrie und Landwirtschaft, der tatsächlich von Natur nicht vorhanden sei. Vielmehr seien die Interessen von Landwirtschaft und Industrie identisch, und schließlich das Lebensinteresse der Landwirtschaft sei der Schutzzoll. Es handelt sich um drei große Fragen, die bei dieser Gelegenheit zur Erörterung gebracht werden müssen. Die erste große Frage ist die: „Hat etwa die Landwirtschaft einen so großen Anteil an der Bevölkerung, daß sie aus diesem Grunde ein entscheidendes, vorwiegendes Interesse und einen vorwiegenden Schutz des Staates und der Allgemeinheit auf Kosten der Allgemeinheit für sich in Anspruch nehmen kann oder nicht?“ Die Antwort ist in dem ersten Vortrage schon gegeben und deutlich gezeigt, wie weit die Landwirtschaft im Laufe des 19. Jahrhunderts prozentual im Verhältnis zur Bevölkerungszunahme zurückgegangen ist. Die zweite Angelegenheit, um die es sich handelt, ist die: „Ist wirklich das Interesse der

Landwirtschaft dasselbe wie das der Industrie, welche die überwiegende Mehrzahl der erwerbtreibenden Bevölkerung in Deutschland ernährt?" Und der dritte Punkt ist der: „Besteht wirklich ein allgemeines Interesse der Landwirtschaft an der Schutzzollpolitik, besonders an den Getreidezöllen, oder beschränkt es sich eventuell auf einen kleinen Teil der Landwirtschaft; ist nicht etwa nur der Großbesitz getreidebauend und getreideverkaufend und hat vielleicht nicht der Mittel- und Kleinbesitz in der Landwirtschaft ganz andere Interessen?" Wissenschaftlich sind diese Fragen längst geklärt. Nur der Großbesitz besitzt ein Interesse an den hohen Getreidezöllen, allerdings ein sehr wesentliches, und die Interessen von Industrie und gesamter Landwirtschaft sind durchaus nicht identisch.

Zuerst die Frage der Verteilung der landwirtschaftlichen Bevölkerung auf die Gesamtbevölkerung. Bei der jährlichen Zunahme von ca. 900000 Personen = ca. 1,5% der gesamten Bevölkerungsziffer in der Periode von 1871 bis 1911 ist der Anteil der Berufszugehörigen in der Landwirtschaft herabgegangen von 42,51% (1882; 1871: 47,3%) auf 35,74% in 1895 und auf 28,65% in 1907. Die absolute Abnahme von 1882—1907 betrug 19,22 Millionen Menschen zu 17,68 Millionen Menschen. Wir können rechnen, daß 1911 nur noch ca. 25% der Bevölkerung auf die Landwirtschaft entfallen. Demgegenüber stieg der Anteil der der industriellen Bevölkerung Berufszugehörigen von 1882, 1895, 1907 von 35,51% auf 39,12% auf 42,75% der Anteil der dem Handel Berufszugehörigen von 10,02% auf 11,52%, 13,41%. Die absolute Steigerung betrug hier von 1882 bis 1907: 16 Millionen bis 26,39 Millionen Menschen. Hervorzuheben ist dann die Ziffer, die entscheidend für unsere Bevölkerungsverteilung ist. Nach der Zählung von 1907 lebten auf dem platten Lande ca. 27 Millionen Menschen, d. h. 42% der Bevölkerung, in Städten über 2000 Einwohner ca. 35 Millionen = 58% der Bevölkerung. Es ist also absolut feststehend, daß ein quantitativer Rückgang der Landwirtschaft stattgefunden hat, und daß die

Landwirtschaft nicht mehr das Schwergewicht innerhalb der Bevölkerung besitzt, das sie noch 1882 repräsentiert hat. Aber auch was die Bedeutung der landwirtschaftlichen Produktion gegenüber der Produktion von Handel und Industrie angeht, so kann gar kein Zweifel mehr darüber aufkommen, daß das Verhältnis sich in allerhöchstem Grade zu ungunsten der Landwirtschaft und zugunsten der Industrie verschoben hat. Nach der Reichsstatistik von 1908 hat der Wert der landwirtschaftlichen Urproduktion ohne forstliche Produktion, also nur in Roggen, Weizen, Hafer, Spelz, Gerste, Kartoffeln, Wiesenheu und Zuckerrüben insgesamt 6499000000 M. betragen, hinzu kann man dann noch an Futterrüben, Klee und ähnlichen Futtermitteln eine Produktion im Werte von ungefähr 1—1,5 Milliarden Mark rechnen, so daß man auf 7 bis $7\frac{1}{2}$ Milliarden Mark an Werten landwirtschaftlicher Urproduktion pro Jahr gelangt. Von diesen $7\frac{1}{2}$ Milliarden müssen ungefähr 10% aus landwirtschaftlich-technischen Rücksichten für Aussaat als nicht konsumfähig abgerechnet werden, es bleibt also ein verbrauchbarer Rest von ungefähr 7 Milliarden. Hinzu kommt die Viehproduktion Deutschlands, deren Wert bisher ziffermäßig sehr schwer feststellbar ist. Die landwirtschaftlichen Wertangaben selbst bewegen sich in der Höhe von ungefähr 4 Milliarden Mark. Wir kommen also auf ungefähr 11—12 Milliarden Mark Wert der Agrarproduktion. Demgegenüber beträgt allein der Lohnanteil des Werts der deutschen Industrieproduktion, den sie ihren Arbeitern zahlt, ca. 17,5 Milliarden pro Jahr. Und ziehen wir die ca. 6 Milliarden, die nur den Wert der Industrie**ausfuhr** darstellen, in Betracht, so ergeben allein diese Ausfuhrziffern und die Ziffer der gesamten Industrielöhne ein ganz anderes Bild der Bedeutung der Industrie Deutschlands als es die gesamte Produktion der Landwirtschaft zeigt. Und wie ist es mit der Steuerleistung? Wir haben da eine sehr interessante Erscheinung. Bis 1908 wurde im preußischen Staat das Steueraufkommen zwischen Stadt und Land getrennt, was seitdem beseitigt ist. Wir lernen jetzt statistisch nur noch die Ziffern des gesamten Steueraufkommens von Stadt und Land kennen. Die Ziffern von 1900 und 1908 lassen möglicherweise den Grund erkennen, aus dem man diese methodische Abänderung der Statistik vorgenommen hat. Im Jahre 1900 betrug die Staatseinkommensteuer in Preußen bei den Aktiengesellschaften, den Gesellschaften m. b. H., den sämtlichen juristischen Personen usw. 16 Millionen Mark, bei den physischen Personen in der Stadt 119,50 Millionen, auf dem Lande 38,85 Millionen, d. h. pro Kopf der Bevölkerung in der Stadt 8,34 M. und auf dem Lande 2,03 M. Dieselben Verhältnisse finden wir im Jahre 1908, nur sind sie um ein Vielfaches vermehrt wegen der gewachsenen Wohlhabenheit und der stärkeren Bevölkerung. Das Steueraufkommen der Aktiengesellschaften usw., der nichtphysischen Personen betrug 29,6 Millionen Mark, das der städtischen physischen Personen 183,5 Millionen, das der ländlichen physischen Personen 60,9 Millionen Mark. Also pro Kopf wurden in der Stadt aufgebracht 10,25 M., auf dem Lande 2,96 M. Das ist aber nur eine Seite des Steueraufkommens. Unser Reichssteuersystem beruht nicht auf direkten Steuern — die sind darin verschwindend —, sondern auf indirekten Steuern, mehr auf Zöllen, landwirtschaftlichen und industriellen. Was die landwirtschaftlichen Zölle, speziell die Getreidezölle, angeht, so treffen sie die gesamte städtische Bevölkerung, und außer ihr alle diejenigen, die an der Landwirtschaft nur im Nebengewerbe interessiert sind, im wesentlichen also die industrielle Bevölkerung, die Getreidekonsumenten, die am Markt kaufen müssen. Die größten Mengen des eigenen Konsums in Getreide, Fleisch usw. werden auf dem Lande innerhalb der betreffenden Betriebe selbst erzeugt und verbraucht und infolgedessen von Zöllen nicht betroffen. Dagegen ist der Preis, den diejenigen Kreise der Bevölkerung, die nicht selbst Landwirtschaft treiben können, für die Agrarprodukte zahlen müssen, erhöht um den Betrag der Zölle. Also die industrielle Bevölkerung, die städtische ist es in der Hauptsache, die die Agrarzölle innerhalb unseres Deutschen Reiches trägt, die also der indirekten Besteuerung durch das Deutsche Reich in ganz anderem Maßstabe ausgesetzt ist als die landwirtschaftliche, soweit nicht etwa diese selbst Getreide und Vieh kaufen muß. Es muß dabei konstatiert werden, daß es kein Recht der Landwirtschaft gibt, das ihr wegen ihrer größeren Wichtigkeit nach Größe der Bevölkerung oder Leistung für die Allgemeinheit eine Bevorzugung gegenüber der Allgemeinheit zubilligen ließe, also ihr einen Rechtsanspruch etwa verschaffen könnte, der dahin ginge, daß die deutsche Landwirtschaft aus Mitteln der Allgemeinheit alimentiert würde.

Ich komme zum zweiten Punkt der Heydebrandschen Rede: Sind die Interessen von Industrie und Landwirtschaft tatsächlich identisch? Am 16. Februar 1911 hat im Deutschen Landwirtschaftsrat eine große Verhandlung stattgefunden, in der von Steinmann-Bucher, dem bekannten Vorkämpfer der Interessen des Zentralverbandes deutscher Industrieller, die Identität der Interessen von Landwirtschaft und Industrie wieder einmal behauptet worden ist. Es gibt allerdings eine Seite von Industrie und Landwirtschaft, bei der eine gewisse Identität der Interessen zutage tritt. Jedoch, wenn man sagt, von Landwirtschaft und Industrie, so ist das eigentlich schon etwas zu weit gegangen. Ein gleiches Interesse der Großlandwirtschaft und der Schwerindustrie mit ihren großen Arbeitermengen ist allerdings vorhanden, aber diese Interessenidentität liegt nicht auf wirtschaftlichem Gebiete, sondern ausschließlich auf politischem Gebiete, nämlich darin, daß sowohl die Großlandwirte, wie die Großindustriellen, soweit wie sie der Schwerindustrie mit ihren Millionen von Arbeitern angehören, ein Interesse daran haben, ihre Herrschaft über die Arbeits- und Lebensverhältnisse dieser immer anwachsenden neuen Schichten der Bevölkerung zu konservieren. Darin liegt allerdings eine Gemeinsamkeit der feudalen aristokratischen Interessen, die immer wieder zu einem Zusammenwirken des Bundes der Landwirte und des Zentralverbandes der Deutschen Industriellen unter Vermittlung der konservativen Partei geführt hat und weiter führen wird, solange nicht die Majorität der Bevölkerung gegen die eigensüchtige Machtpolitik dieser Kreise Einspruch erhebt. Was aber die wirtschaftliche Seite dieser gemeinsamen Interessen von Industrie und Landwirtschaft angeht, so liegt auf der Hand, daß da von Identität aus einem einzigen und entscheidenden Grunde keine Rede sein kann. Die Landwirtschaft produziert die Konsumtibilien, die die Industrie für ihre riesigen Arbeitermengen und Angehörigen verbrauchen muß. Wenn der Preis derjenigen Konsumtibilien, die unsere Landwirtschaft produziert, oder die aus dem Auslande zu einem um den Zollsatz, den wir augenblicklich haben, erhöhten Preis eingeführt werden müssen, weil wir sie verbrauchen müssen, steigt, so steigen die Produktionskosten der Industrie, weil die Löhne, mit denen diese Waren gekauft werden müssen, zu den Produktionskosten der Industrie gehören. Die Lohnhöhe wird eben beeinflußt durch die Steigerung der Preise der Konsumtibilien. Die Landwirtschaft produziert, was die gesamte Industrie konsumieren muß. Allerdings besteht eine Wechselbeziehung zwischen Industrie und Landwirtschaft; gewiß, wenn es der Landwirtschaft gut geht, hat die Industrie einen inneren Markt, dem sie ihre Produkte zuführen kann; sie hat dann einen relativ sichereren Markt, als der internationale es wegen des geringeren Absatzrisikos, der dem Binnenhandel innewohnt, gegenüber dem internationalen Handel ist, und umgekehrt hat selbstverständlich auch an der Industrie die Landwirtschaft ein vitales Interesse. Je höher die Bevölkerung durch industrielle Beschäftigung innerhalb Deutschlands anwachsen kann, um so größer ist der innere Markt für den Absatz landwirtschaftlicher Produkte, mit den durch Schutzzölle hochgetriebenen Preisen. Auf diesem inneren Markt wird, solange er geschützt ist, eine steigende Nachfrage nach landwirtschaftlichen Produkten seitens der Industrie ein Ansteigen der landwirtschaftlichen Preise zur Folge haben. Die landwirtschaftliche Bevölkerung trägt dies Steigen nicht; sie zahlt nur im Verhältnis zu ihrer Stärke und Kaufkraft die industriellen Zölle wie die gesamte übrige Bevölkerung. Diese Wechselbeziehung von Interessen — nicht Identität von Interessen — ist es denn auch gewesen, die Landwirtschaft und Industrie zu einem entscheidenden Schlag zusammengeführt hat, nämlich zu dem gemeinsamen Übergang zu einer deutschen Schutzzollpolitik im Jahre 1879 unter der Führung von Bismarcks, von der bereits die Rede war. Es handelte sich damals für Bismarck darum, die liberale Mehrheit, mit der er nicht mehr regieren wollte, zu beseitigen; er wollte eine andere Majorität an ihre Stelle setzen. Durch den Zusammenschluß von Industrie und Landwirtschaft, die er im Zentrum und konservativer Partei organisiert vorfand, hat er, indem die Landwirtschaft der Industrie Industriezölle bewilligte und die Industrie der Landwirtschaft landwirtschaftliche Zölle dafür zur Verfügung stellte, die beiden bis dahin feindlichen Brüder geeint. Seit dieser Zeit haben wir unsere Schutzzollpolitik.

Ich komme zum dritten Punkte des Herrn v. Heydebrand, d. h. zu dem, was man ihm kritisch einwenden muß, wenn er behauptet, daß die ganze Landwirtschaft Interesse an unserer Schutzzollpolitik, speziell an unseren Getreidepreisen durch die Getreidezölle habe. 1895 gab es in Deutschland 5558317 landwirtschaftliche Betriebe, 1907 5736082; man sieht also, daß sie in der Zunahme begriffen sind. Das erklärt sich ohne weiteres durch die Zunahme der Bevölkerung. Im Süden und Westen unseres Vaterlandes handelt es sich noch vorwiegend um Bauernwirtschaften mit freier Erbteilung, d. h. der Besitz wird nicht im ganzen vererbt, sondern in der Regel unter Kinder verteilt. Solange wir eine so organisierte Bauernbevölkerung besitzen, wird die Zahl der landwirtschaftlichen Betriebe stets steigen. Aber in demselben Jahre ist die Gesamtfläche, die für die landwirtschaftliche Urproduktion zur Verfügung stand, allerdings nicht sehr bedeutend, aber doch immerhin in beträchtlichem Maße, nämlich von 32,5 Millionen Hektar auf 31,8 Millionen Hektar zurückgegangen. Der Grund für diese Abnahme der Betriebsfläche liegt in der rapiden Ausdehnung unserer Städte, die immer größere Areale dem landwirtschaftlichen Betrieb entziehen, sie liegt aber auch zu einem Teile daran, daß wir eine nicht unbeträchtliche Zahl früher landwirtschaftlich genutzter Flächen der Forstwirtschaft übergeben haben durch die bedeutende, besonders unter der Ägide der preußischen Regierung vorgenommene Aufforstung. Weiter beginnt die Industrie wieder das platte Land aufzusuchen und entzieht ihrerseits der Landwirtschaft Terrain. Schließlich kommt das Anwachsen der Fideikommisse in Betracht. Im einzelnen sind aber die Betriebe nach ihren Größenklassen zu unterscheiden. Man muß unterscheiden zwischen denjenigen, die technisch noch die Möglichkeit haben, Getreide aus ihren Betrieben zu verkaufen, und denjenigen, die diese Möglichkeit nicht haben. Die Betriebe bis zu 2 ha (im Jahre 1895 3236367, im Jahre 1907 sogar 3378509) sind an einem Getreideverkauf nicht interessiert, für sie spielt also die Höhe der Getreidepreise keine Rolle, weil sie alles Getreide in sich selbst konsumieren. Bis zu 5 ha Größe waren 1907 4384786 Betriebe vorhanden, von denen man vielleicht annehmen kann, daß sie wenigstens zum Teil Getreide verkaufen und daher an der Höhe der Getreidepreise interessiert sind. Erst die Betriebe über 5 ha, 1907 waren es 1351296, können vielleicht alle Getreide verkaufen. Die Agrarier selbst sind allerdings über diesen Punkt sehr verschiedener Meinung. Es ist da auf eine Äußerung eines unserer früheren Reichskanzler, des Fürsten Hohenlohe, zu verweisen. Fürst Hohenlohe war selbst Agrarier, d. h. er besaß sehr bedeutende Flächen in Deutschland, in Süddeutschland, Mitteldeutschland, in Polen und war über landwirtschaftliche Betriebe ausgezeichnet orientiert. Er sagte 1895 im Reichstag:

Bestenfalls werden die landwirtschaftlichen Betriebe von 6 ha ab bei gutem Boden imstande sein, den Bedarf an Getreide für den Bauer und seine Familie zu decken. Nun umfassen die ersten 6 Gruppen zusammen 76% aller landwirtschaftlichen Betriebe. Rechnet man auf den Betrieb 3½ Personen, so handelt es sich hier um eine Bevölkerung von etwa 15 Mill. Menschen, die von der Erhöhung der Getreidepreise keinen Vorteil, ja, mit wenigen Ausnahmen direkten Nachteil durch die Verteuerung der Lebenshaltung haben werden.

Fürst Hohenlohe war also der Meinung, daß ca. 24% der landwirtschaftlichen Betriebe im besten Fall von hohen Getreidezöllen durch die in deren Konsequenz eintretende Verteuerung des Getreides Vorteil haben würden, nicht die deutsche Landwirtschaft. Oben ist aus Vorsicht die Größe bis 5 ha angesetzt. Eine mindestens ebenso interessante Ausführung ist von einem Führer des Bundes der Landwirte, dem Herrn Fließbach-Landeskow im Kreise Lauenburg, Hinterpommern, in einer Bundesversammlung gemacht worden. Er hat da erklärt, daß in der dortigen Gegend selbst bei Betriebsgrößen von 10 ha die Landwirte kein Getreide verkaufen können. Nach den Ausführungen von Dr. Rubow, einem Sohn der Schwessiner Landgemeinde, verhält sich die Sache aber noch anders. Das Dorf Schwessin mit 1269 Einwohnern hat in 263 Haushaltungen einen Körnerverbrauch von ungefähr 18500 Ztr.; es liefert aber nur Getreide im Betrage von 14260 Ztr., muß also schon 4240 Ztr. zukaufen. Es handelt sich dabei um wirkliche bäuerliche Besitzer. Rubow sagt weiter, daß dort auch der große Bauer mit mehr als 40 ha Betriebsgröße nur dann Getreide verkaufe, wenn er so verschuldet sei, daß er sofort Geld brauche. Andernfalls verfüttere auch er sein Getreide und wandele es in höherwertige Viehprodukte um. Ein wirkliches Interesse an den Getreidezöllen hat tatsächlich nur der Großbetrieb, der mit großen Flächen arbeiten kann; die Kreise der landwirtschaftlichen Bevölkerung, die den Rückhalt des Bundes der Landwirte und der konservativen Partei ausmachen; dieser Großbetrieb hat allerdings ein höchst lebhaftes Interesse an ihnen.

Aber es gibt noch eine ganze Reihe von bösen Konsequenzen, die aus unserer heutigen Situation, der Existenz von hohen Schutzzöllen, besonders auf Getreide und Futtermittel, direkt folgen. Herr v. Bethmann Hollweg hat in seiner Rede vom 15. Februar sehr deutlich darauf hingewiesen und hat gesagt:

> Der Aufschwung der Landwirtschaft beruht nur zu einem Teil auf den besseren Preisen, zu einem anderen, und nicht zu einem kleinen, auf der besseren Wirtschaftsführung. (Sehr wahr!) Aber auch die ist bekanntlich nicht ohne Geld zu haben. (Zustimmung.) Die Betriebsüberschüsse haben deshalb zu allermeist nicht zu Schuldentilgungen und Reservestellungen, sondern zu Investitionen für den laufenden Betrieb gedient. (Sehr richtig!) Darin liegt eine Erklärung für den Stand unserer ländlichen Verschuldung. Eine Rechtfertigung aber nur dann, wenn die Kapitalinvestierungen — auch darauf hat der Graf v. Schwerin sehr zutreffend hingewiesen — zu einer dauernden und konstanten Steigerung nicht des Luxuswertes, sondern des Ertragswertes führen (Zustimmung), zu einer Steigerung, die so fest fundiert sein muß, daß sie die unvermeidlichen Rückschläge schlechten Wetters und schlechterer Preise ohne Zusammenbruch überwindet. So langwieriger und ausdauernder mit Jahrperioden rechnender Arbeit es bedarf, um ein Gut in nachhaltige Kultur zu bringen, so schnell und vielfach, so unvermerkt kann diese Kultur wieder verloren gehen. Und wenn sie verschwindet, dann führt das zu Produktionsschwankungen, die nicht nur der Landwirt am Geldbeutel, sondern das Volk am Leibe spürt. (Sehr richtig!)

Wie steht es nun mit der Frage der Verschuldung der Landwirtschaft, die von der Landwirtschaft selbst ganz offen zugegeben wird, die infolgedessen als unbestrittene Tatsache angesehen werden darf? Der Landwirt kann eigentlich sehr leicht Schulden machen, denn er besitzt das beste Objekt, die beste Kreditunterlage, die es für einen, der dem Betreffenden nicht nahesteht, leicht macht, ihm einen Kredit zu gewähren. Infolgedessen ist der Bodenkredit bei uns schon sehr früh durch die Begründung der preußischen Landschaften organisiert worden. Die Landschaften beruhen auf Zusammenschluß der Rittergutsbesitzer auf genossenschaftsähnlicher Basis. Es sind Zwangsgebilde, die zu relativ geringem Prozentsatz Güter, früher nur Rittergüter, jetzt auch andere, beleihen, selbstverständlich zu erster Stelle. Die erste landschaftliche Hypothek wird je nach der Höhe des Landeszinsfußes regelmäßig mit $3\frac{1}{2}$% bis 4% aufgenommen, wobei aber ½% bis $\frac{3}{4}$% von vornherein als Amortisationsquote für diese erste Hypothek berechnet und zwangsweise einfach mit den Zinsen erhoben wird. Dann kommt nach der landschaftlichen Schuld ganz regelmäßig der gewöhnliche Geldgeber, der sich eine Hypothek eintragen läßt, und wenn das Gut zur Genüge voll ist mit Hypotheken, dann wird seitens des betreffenden Landwirts der Personalkredit in Anspruch genommen, soweit er nicht freies Betriebskapital zur Verfügung hat. Aber wenn er dieses freie Betriebskapital nicht hat — und er braucht davon relativ sehr viel, falls er Großproduzent ist — dann kommt eine Verschuldung heraus, die durch einfaches Abschneiden des Personalkredits momentan zur Subhastation führen kann und in Zeiten sinkender Konjunktur, besonders aber sinkender Bodenpreise, wie sie nach längerer Überzahlung stets eintreten, regelmäßig führt. Die Verschuldung der Landwirtschaft ist in der letzten Generation bei glänzenden Preisen nicht geringer geworden. Im Gegenteil. Bei der Möglichkeit eines Wechsels der Konjunktur hat die Sicherheit der Landwirtschaft nach der Kreditseite hin trotz der jetzigen glänzenden Zeiten nicht irgendwie zugenommen. Wir haben in Preußen ein konstantes, absolutes Anwachsen der Verschuldung, und zwar in den 80er Jahren um jährlich ca. 120 Millionen Mark, in den 90er Jahren um jährlich ca. 200 Millionen, 1900 um ca. 395, 1905 um ca. 469, 1906 um ca. 515 und 1907 um ca. 556 Millionen Mark; und das ist das Charakteristische, dieses Wachsen der Verschuldung bezieht sich im wesentlichen nur auf die Großbetriebe. Die Kleinbetriebe, denen landschaftlicher Kredit von vornherein natürlich überhaupt nicht zur Verfügung steht, haben eine Entwicklung in dieser selben Periode durchgemacht, bei der man beinahe schon von beginnender Entschuldung reden kann, jedenfalls aber nicht von einer Steigerung der Verschuldung. Aber wir haben einen ganz klaren Grund auch, warum das so ist. Wir haben nämlich in derselben Periode der glänzenden Lage der Landwirtschaft eine bis dahin unerhörte Entwicklung in der Mobilisierung der Landwirtschaft, der Verkaufsfähigkeit der Landgüter, besonders der größeren und die tatsächliche Überführung landwirtschaftlichen Grundbesitzes in neue Hände. Wir haben die Entwicklung, daß innerhalb dieser selben Periode in ganz wunderbarer Weise die Landflucht unter den großen Landwirten zugenommen hat. Wir haben noch nie eine Periode gehabt, in der soviel Güter aus einer Hand in die andere übergegangen sind, und zwar durch Verkauf zu immer erhöhtem Preise, indem der durch die Getreidezölle, durch Brennereikontigent, durch Überbrand und Vergällungszwang erhöhte Ertragswert der Güter im Verkaufspreise kapitalisiert und von dem Verkäufer mitgenommen ist in die Stadt. Der neue Erwerber, der zu erhöhtem Preis gekauft hat, sitzt aber genau so wieder da, wie derjenige, der das Gut vor der Einführung der Schutzzollpolitik besessen hatte. Er fängt mit erhöhten Betriebskosten durch die erhöhten Erwerbungskosten an, und ihm ist natürlich nun der heutige künstliche Schutzzoll-Getreidepreis die einzige Möglichkeit zur Existenz, während er den verkaufenden Besitzer während der Periode der Existenz der Getreidezölle reich gemacht hat. Die jetzige Höhe des Zolls ist ihm Grundlage der Berechnung. Das beweisen deutlich einige Ausführungen, die der frühere Landwirtschaftsminister Herr v. Arnim-Criewen gemacht hat. Er hat im preußischen Abgeordnetenhause erklärt: „Zweifellos bringt die Zollgesetzgebung den jetzt lebenden Landwirten nicht unerhebliche Vorteile. Sicher ist, daß diese Vorteile in gewisser Zeit, meist schon in einer Generation, in Gestalt von höheren Schulden eskomptiert sein werden, so daß die Landwirtschaft sich dann wieder auf demselben Standpunkt befinden wird, auf dem sie heute steht. Die Zollgesetzgebung hätte dann nichts genützt, sie hätte geschadet."

Der damalige preußische Landwirtschaftsminister ist es, der das gesagt hat.

Ein Besitzwechsel ist wirklich in ganz fabelhaften Formen erfolgt. Im Jahre 1907 sind in Preußen nicht weniger als 148952 Besitzwechsel in landwirtschaftlichen Grundstücken über je 2 ha vorgekommen. Von diesen sind 22,4 % in der Familie erfolgt, also gewöhnlich durch Erbgang oder Übertragung zu Lebzeiten, 77,6 % durch Verkauf oder Tausch. Das ist die Bodenständigkeit der Landwirtschaft. Man kann ruhig sagen: Die Landwirtschaft ist heute eines der mobilsten Gewerbe geworden. Da die Situation so liegt, daß durch jeden Besitzwechsel dem der auf den Schutzzöllen basierte Ertragswert zugrunde liegt, die Vorteile, die die Getreideschutzzollpolitik der Landwirtschaft bringen sollte, für den neuen Besitzer wieder illusorisch gemacht werden, und da feststeht, daß die Landwirtschaft sich in bisher ungeahntem Maße selbst mobilisiert, indem sie verkauft und andere, ihre Nachfolger, die Haut zu Markte tragen läßt, so kann natürlich keine Rede davon sein, daß das, was wir haben, ein richtiges System wäre, das der Landwirtschaft als solches nützt, sondern man kann daraus nur entnehmen, daß es sich um ein System handelt, das einzelnen genützt hat und noch heute nützt. Mit dieser Erkenntnis aber entfällt jeder Grund dafür, daß dieser Landwirtschaft geholfen werden muß, der Landwirtschaft, die auf Getreidebau abgestellt ist, nämlich auf den Verkauf von Getreide zu Preisen, die die Lebenshaltung der breiten Massen der Bevölkerung in hohem Grade belasten. Herr v. Bethmann Hollweg ist nicht eingegangen auf die Frage, ob es nicht möglich sei, nun bei derartigen Zuständen der Landwirtschaft zu helfen. Für einen normal und kühl rechnenden Menschen würde ja doch der erste Gedanke der sein: Wenn eine derartige Verschuldung der deutschen Landwirtschaft tatsächlich vorhanden ist, so muß das Mittel, ihr zu helfen, darin bestehen, daß man eine Entschuldungsaktion durchführt. — Er hat nicht davon gesprochen. — Von einer Art Entschuldung war schon vorher die Rede, von der Amortisationsquote, die in das jetzige Landschafts-

Hypothekenreglement hineingearbeitet ist; sie ist gut, aber zweifellos unzureichend, da sie sich gerade auf diejenigen Kredite bezieht, die am wenigsten gefährdet sind. Landwirtschaftliche Kreise selbst haben vorgeschlagen, man soll sie dadurch entschulden, daß man eine Verschuldungsgrenze zieht, über die hinaus ein Gut nicht belastet werden kann. Es ist ja nun ganz gut, wenn man eine Grenze vorschreibt, bis zu der man gehen kann und unter keinen Umständen darüber. Aber man kann zweifeln, ob die deutsche Landwirtschaft sich dabei über die Konsequenzen ihres Tuns ganz klar ist, wenn sie die Verschuldungsgrenze fordert und die Rolle des unmündigen Kindes spielt! Aber man kann auch gegen die Verschuldungsgrenze als solche allerlei einwenden. Die Verschuldungsgrenze, wie sie durch das preußische Entschuldungsgesetz eingeführt worden ist, ist nichts weiter wie ein Mittel, um zu verhindern, daß mehr Hypotheken auf das Grundstück eingetragen werden. Aber es gibt gar kein Mittel, um zu verhindern, daß weitere Schulden auf den landwirtschaftlichen Betrieb gehäuft werden in anderer Form, z. B., daß Privatschulden in gesteigertem Maße gemacht werden. Die Verschuldungsgrenze wirkt, da sie nach dem preußischen Gesetz auch für die nachfolgenden Erwerber des Grundstücks, auf dem sie eingetragen ist, gilt, auf die Verkaufsfähigkeit eines derartigen Grundstücks ohne Frage schädigend ein, da sie es weniger beleihbar macht als analoge Terrains. Aus diesem Grunde allein schon erzeugt diese Einrichtung einen volkswirtschaftlichen Nachteil, durch die Verminderung des Kapitalwertes eines derartigen Gutes.

Natürlich hat die Landwirtschaft auch nach Staatshilfe gerufen, immer wieder, und zum ersten Male im Etat für 1910 hat die preußische Staatsregierung die Summe von 50000 Mark eingesetzt für die Entschuldung, nämlich zur Deckung an Ausfällen und Zinsen bei der Vornahme von landschaftlichen Entschuldungsaktionen. Diese Methode ist ja zweifellos ein Novum, denn sie bringt ja direkt zum Ausdruck, daß die Landwirtschaft sich nicht selbst helfen kann oder will, sondern einfach die Allgemeinheit dazu heranzieht, ihr von ihren Schulden zu helfen. 50000 Mark ist kein hoher Betrag, gefordert wurden ungefähr 20 Millionen Mark, die nächste Forderung wird höher sein.

Man hat dann die Methode versucht, die landwirtschaftlich betriebenen Grundstücke zu entschulden durch Genossenschaften. Es gibt auch eine Reihe von Genossenschaften, die diesem Gedanken nähergetreten sind. Eine Genossenschaft kann jedoch niemals andere als nur kurzfristige Schulden machen. Sie weiß nie, wenn sie Hypotheken gewährt, ob sie nicht plötzlich dann einen Abfall von Mitgliedern haben wird, der ihr die Durchführung ihrer Entschuldungsaktion auf die Dauer unmöglich machen kann. Schließlich ist bei der Tagung des deutschen Landwirtschaftsrats eine Aktion zur Sprache gekommen: Die Entschuldung der Landwirtschaft im Anschluß an eine Lebensversicherungsgesellschaft, die auf landschaftlicher Basis für Ostpreußen begründet werden soll. Diese Anregung wurde vom Generallandschaftsdirektor Dr. Kapp (Königsberg) und Geh. Justizrat Schneider (Stettin) gegeben. Der Gedanke ist an sich gar nicht übel. Aber darüber kann man sich gar keinem Zweifel hingeben, daß alle diese Methoden der Entschuldungsaktion in keiner Weise irgendwie helfen können, solange die Grundlage bestehen bleibt, die zur Kontrahierung weiterer Schulden zwingt, nämlich die Tatsache, daß bei jeder Besitzänderung der Wert der Geschenke unserer Getreideschutzzollpolitik an den Besitzer des Gutes im Preise der Güter wieder eskomptiert wird, und infolgedessen der Preis der Güter immer weiter in die Höhe getrieben wird, so daß er in gar keinem Verhältnis mehr steht zu dem reinen Ertragswerte. Und für die Allgemeinheit hat dieses Vorgehen bei unserer Methode der Getreideschutzzollpolitik auf die Dauer nur das Resultat, unsere Getreideschutzzölle in immer erhöhtem Umfange zu stabilisieren, denn jede Generation wird immer wieder den Wert der Getreideschutzzollpolitik für sich auf den Preis der Güter aufschlagen, solange sie kann. — Der Reichskanzler hat dann fortgefahren, beim Festmahl den Versammelten einige peinliche Wahrheiten zu sagen über die Fleischnot, die er anerkennt. Er sagt:

> Ich bin dem Herrn Grafen v. Schwerin ganz besonders dankbar für das unumwundene Anerkenntnis, daß die Preise einzelner Fleischsorten im vorigen Jahre eine ungesunde Höhe erreicht hatten, die weite Schichten des Volkes in beklagenswerter Weise belastete. Mit den üblichen Schlagworten von der agrarischen Profitgier oder dem Fleischnotrummel wird die Sache nicht abgetan. Am letzten Ende schließt sie sich in der Frage zusammen, ob die deutsche Landwirtschaft ihre Viehhaltung vergrößern, verbessern und konstanter gestalten kann. Ich werde in Ihren Kreisen keinem Widerspruch begegnen, wenn ich diese Frage unbedingt bejahe, und wenn ich es zugleich als eine wirtschaftliche und politisch überaus ernste Pflicht unserer Landwirtschaft bezeichne, diese Aufgabe mit allen ihr zugänglichen Mitteln zu lösen. Sie kann es nur, wenn sie einen kräftigen und nachhaltigen Seuchenschutz genießt. (Hört, hört! und bravo!) Das soll ihr werden. Aber sie muß es auch.

Er hat dann über die Sache hinterher noch gesagt:

> In der letzten Nummer der „Sozialistischen Monatshefte" kommt auch ein sozialdemokratischer Schriftsteller auf Grund einer unbefangenen und, wie mir scheint, sachkundigen Beweisführung, zu dem Schlusse, daß für Deutschland diejenige Agrarpolitik die richtige sei, welche die inländische Fleischproduktion auf den höchstmöglichen Umfang steigert. Eine derartige Heraushebung der wirtschaftlichen Fragen aus dem unfruchtbaren Streit parteipolitischer Gegensätze und ihre Zurückführung auf den Boden nüchterner wirtschaftlicher Rechnung tut uns not.

Der sozialistische Verfasser des Artikels hat leider nicht das gesagt, was der Reichskanzler von ihm sagte. Er hat nur versprochen, in einem zweiten Artikel, der diesem ersten folgen sollte, den Nachweis zu führen, daß eine derartige Agrarpolitik für Deutschland richtig sei. Dem Gedanken, daß eine derartige Agrarpolitik wirklich die richtige sei, kann man durchaus beipflichten, denn es kann gar keinem Zweifel unterliegen, daß die Möglichkeit einer stärkeren Viehhaltung in Deutschland in demselben Augenblick besteht, in dem diejenigen Getreideböden, die heute bei den durch den Schutzzoll erhöhten Preisen für Getreidebau noch rentabel sind, wieder ihrer natürlichen Eignung, der sie früher immer gedient haben, der Viehhaltung wieder zurückgegeben würden. Das ist aber die Voraussetzung, um auf diesem Gebiete tatsächlich zu Fortschritten zu kommen.

Noch eine weitere Idee hat der Reichskanzler vertreten. Er hat gesagt:

> Unsere Wirtschaftspolitik hat nicht nur den Schutz der nationalen Arbeit im Auge. Sie basiert zugleich auf dem Willen und der Fähigkeit der deutschen Landwirtschaft, die Ernährung des Volkes vom Ausland immer unabhängiger zu gestalten. Dieser Wille muß zur Tat werden, die Landwirtschaft muß sich den Schutz, den sie genießt, täglich von neuem verdienen. (Zustimmung.) Sonst wird das Fundament unterwühlt, auf dem das Gebäude steht. (Sehr richtig!)

Es wäre sehr schön, wenn das alles geschähe. Hat unsere Landwirtschaft es bisher getan, kann sie es überhaupt tun? Das ist die entscheidende Frage. Kann unsere Landwirtschaft uns irgendwie unabhängig machen vom Auslande, in dem Stande, in dem sie sich heute nach einer Periode dauernden hohen Schutzzolles befindet? Kann sie das wirklich? — Wir haben eine jährliche Bevölkerungszunahme von ca. 900000 Menschen, die alle natürlich essen wollen, dabei haben wir einen absoluten Rückgang der gesamten Anbaufläche. Pro Kopf der Bevölkerung betrug sie 1878 83 a, im Jahre 1907 nur noch 51 a. Wenn man diese Staffel, was ja selbstverständlich nur eine Vermutung ist, als allgemein richtig anerkennt, wenn man bei dem allmählichen Rückgang, den tatsächlich die Anbaufläche erfahren hat, diese Zahlen zugrunde legt, kommt man darauf, daß man 1925 ca. 42 a, 1950 nur noch ca. 30 a pro Kopf der Bevölkerung gegenüber den 83 von 1878 hat. Nun ist natürlich der Rückgang der Anbaufläche durchaus nicht allein entscheidend; es besteht nicht allein die Möglichkeit, sondern die Tatsache, daß auf der absolut zurückgegangenen Anbaufläche heute mehr produziert wird, als früher auf der größeren. Wir haben zweifellos eine Zunahme des Ertrages für den einzelnen Hektar. 1905 noch betrug die Produktion pro ha bei Winterweizen ungefähr 1,93 t, 1909: 2 t; bei Sommerweizen 1905: 1,80; 1909: 2,37; bei Winterroggen 1905: 1,37; 1909: 1,86; bei Sommerroggen 1905: 1,11; 1909: 1,27; bei Hafer 1905: 1,57; 1909: 2,12 t. Trotzdem führt Deutschland an Getreide und den Futtermitteln, die es für seine Bevölkerung braucht, und an Reis und Mais, die in großen Quantitäten ja täglich von unserer Bevölkerung verbraucht werden, sehr viel mehr ein, als es ausführen kann. 1908 wurden in Deutschland 45514000 dz Getreide, Reis und Mais im Werte von ca. 687 Millionen Mark mehr ein- als ausgeführt, im Jahre 1907 für 902, 1909 für 781,5 Millionen Mark. Dazu kommt aber noch für die reinen Futtermittel eine Einfuhr im Jahre 1907 im Werte von 684 Millionen Mark, 1908 von 567, 1909 von 703 Millionen Mark. Das zeigt, daß die Durchführung des guten Rats des Reichskanzlers, zur gesteigerten Viehproduktion überzugehen, sich nicht ganz einfach vollziehen wird. Bei einer derartigen Abhängigkeit unserer gesamten Konsumtion vom Auslande kann also augenblicklich keine Rede davon sein, daß wir vom Auslande unabhängig wären, durch die Produktion, die unsere Landwirtschaft leistet. So kann nur ein schweres Bedenken geäußert werden, ob es überhaupt gelingen wird, bei dem immer weiteren Anwachsen der Bevölkerung auf der zurückgehenden Anbaufläche wirklich zu einer vollen Befriedigung der Bevölkerung und damit zur Realisierung des Vorschlags des Reichskanzlers, die Unabhängigkeit der deutschen Konsumtion vom Auslande zu gelangen. — Der Reichskanzler hat weiter gesagt:

In seiner Kaisers-Geburtstagsrede hat Graf v. Schwerin daran erinnert, daß die 17 Millionen Deutschen, um die das Reich seit dem Regierungsantritt des Kaisers zugenommen hat, im eigenen Lande Nahrung und Unterkunft gefunden haben. Bei einem solchen Zuwachs, der hoffentlich auch in der Zukunft immer der Stolz unseres Volkes bleiben wird, müssen wir aber nicht nur für Arbeit und Brot, sondern auch dafür sorgen, daß derer immer mehr werden, die ein Stück deutscher Erde ihr eigen nennen (bravo!) und es als ihre Heimat und die Grundlage ihrer Existenz lieben. (Beifall.) Friedrich der Große sagte: „Die Menschen erachte ich für den größten Reichtum", und weil er so dachte, machte er sich zum größten Kolonisator Preußens. Mußte er Ansiedlungslustige aus der Ferne herbeiholen, so trägt sie heute das eigene Land, und auch am Boden sie anzusetzen, mangelt es nicht. Wir sind in Preußen am Werke, diese innere Kolonisation mit größtem Nachdruck als bisher zu betreiben. (Bravo!) Nicht nur durch Urbarmachung und Besiedlung der Moore und Heideflächen, sondern auch dadurch, daß wir namentlich in menschenärmeren östlichen Landesteilen die Bauernstellen zu vermehren trachten. Die wirtschaftliche, soziale und damit allgemeine staatliche Bedeutung solcher Unternehmungen kann nicht hoch genug veranschlagt werden. (Zustimmung.) Es genügt nicht, mit einem mißgünstigen Seitenblick auf die Städte über die Entvölkerung des platten Landes zu klagen. Abwenden können wir ihre für unsere Zukunft bedenklichen Folgen nur, wenn wir das platte Land stärker besiedeln. (Sehr richtig!) Freiherr v. Soden konnte soeben feststellen, daß es in Deutschland, Gott sei Dank, weder eine politische noch eine geistige Mainlinie mehr gibt. Aber an ihrer Stelle hat sich eine andere Mainlinie zwischen den Besitzenden und Nichtbesitzenden mehr und mehr vertieft. Die werden wir zwar nicht zuschütten, aber überbrücken können und müssen. Eine dieser Brücken schlagen wir, wenn wir Klein- und Mittelbesitz energisch vermehren. (Bravo!)

Es wird kaum einen Menschen geben, der nicht diesem Ideengang vollständig beipflichtet. Das ist allerdings der Weg, auf dem wir dahin kommen können, daß wir die schweren Schäden, die wir mit unserer Bevorzugung des agrarischen Großbetriebes mit seiner Tendenz auf Verstärkung des Getreidebaues zu hohen, den Konsum belastenden Preisen hervorgerufen haben, allmählich dadurch paralysieren, daß wir ihn in andere Hände überführen, daß wir allgemein den landwirtschaftlichen Mittel- und Kleinbesitz stärken. Aber das Gegenteil erfolgt leider, wie zahlenmäßig nachweisbar ist. In den Jahren 1891—1900 sind aus den landwirtschaftlichen Bezirken in Posen, Ost- und Westpreußen und Pommern nicht weniger als 450000 Personen abgewandert. Der Ersatz dafür ist ja erfolgt durch russische, polnische, galizische Wanderarbeiter, so daß wir heute eine große Zahl von Großbetrieben in unserem Osten haben, bei denen außer dem Eigentümer vielleicht noch ein Inspektor und Hofmeister, sonst aber keine menschliche Seele deutsch ist. Was wir heute tatsächlich erreicht haben auf diesem Gebiete, ist der Versuch einer Defensive gegenüber dem andrängenden Slawentum in unserer Ostmark. Einzelne Erfolge sind zweifellos durch die innere Kolonisation, durch die Tätigkeit der Generalkommission und der Ansiedlungskommission erreicht worden. Aber man kann nicht behaupten, daß diese Resultate irgendwie schon dem Erfolge nahe kämen, den der Reichskanzler für die allernächste Zeit als bevorstehend angekündigt hat.

Man mag hinsehen, wohin man will: In der Frage der Ansiedlungsgesetzgebung, in der Frage der Enteignung, in der Frage der Restgüter, in der Frage der Fideikommisse, in der Frage der Steuereinschätzung auf dem Lande, eigentlich ist in jeder Frage alles wund; wohin man faßt, sieht man, daß nicht volle Gesundheit, sondern das Gegenteil, eine mehr oder minder chronische Erkrankung des Organismus der Landwirtschaft besteht. Unter diesen Umständen kann man das Urteil über den Wert der Landwirtschaftspolitik, die wir in Deutschland und teilweise verstärkt in Preußen bisher geführt haben, dahin zusammenfassen, daß sie die großen Resultate, die sie erzielen sollte — eine Gesundung der deutschen Landwirtschaft — nicht erreicht hat. Sie hat aber auch die kleineren Resultate, die ihr von ihren Wortführern und denjenigen Kreisen, die sie im wesentlichen beeinflußt haben, zugemutet worden sind, auch nicht erreicht, sie hat uns eigentlich verhindert, uns in natürlicher Form an die internationalen Verhältnisse anzupassen. Die Opfer, die wir unter diesem Regime gebracht haben, sind unwiderbringlich verloren. Aber gerade deshalb, und wenn man erkannt hat, daß diese Verhältnisse unhaltbar geworden sind und bei längerer Dauer zu immer schwereren Krisen im Moment der Entscheidung führen müssen, ist der Gedanke unabweisbar, dieses System als solches zu beseitigen. Dabei kann es sich natürlich niemals darum handeln, nun mit einem Schlage die Schutzzölle abzuschaffen. Das würde zu schwere Opfer erheischen. Aber wenn man erkannt hat, worin die zusammenhängenden Schäden des Systems liegen, dann muß allerdings auch der Mut zu dem Entschluß da sein, den Anfang zu machen, mit diesem System zu brechen dadurch, daß man allmählich abbaut innerhalb der Zollpolitik. Aber noch eins ist von Wichtigkeit: das ist das allmähliche Durchdringen der Erkenntnis, daß es sich bei der Forderung der Aufrechterhaltung unserer Landwirtschaftspolitik nicht allein um einen ungerechtfertigten Anspruch der Landwirtschaft handelt, sich bevorzugt zu sehen auf Kosten der Allgemeinheit, sondern daß darüber hinaus an der Allgemeinheit dadurch gesündigt wird, weil eben der tatsächliche Rückgang des Anteils der Landwirtschaft an unserer Gesamtproduktion heute nachgewiesen ist.

Die Absicht, die Großlandwirtschaft zu bevorzugen, wird heute nur noch getragen von den Kreisen, die die Machtstellung natürlich unhaltbar gewordener großer Teile des Großgrundbesitzes aus politischen Gründen auch auf Kosten der Allgemeinheit und gegen deren Willen konservieren wollen. Politischer Egoismus ist die Triebfeder unserer Agrarpolitik gewesen und ist es noch heute.

IV. Industrielle Fragen.

Bei den wichtigen industriellen Fragen ist ebenso wie sonst zurückzugreifen auf die Grundlage der enormen Berufsverschiebung, die innerhalb der letzten Generation in Deutschland eingetreten ist. Schon bei der erwerbstätigen Bevölkerung in der Periode von 1882—1907, bis zur letzten Berufszählung, hat sich eine Verschiebung nach der Richtung hin geltend gemacht, daß die Landwirtschaft zahlenmäßig an erwerbstätiger Bevölkerung zurückgegangen ist, während die Industrie und der Handel außerordentlich fortgeschritten sind. Wenn man die Berufszugehörigkeit, also das ins Auge faßt, was das wirtschaftliche Leben der ganzen Bevölkerung angeht, ergibt sich eine noch stärkere Verschiebung zugunsten der Industrie. Wir sind eben tatsächlich seit der Mitte des vorigen Jahrhunderts vom ursprünglich überwiegenden Agrarstaat zum Staate, in dem paritätisch Interessen von Industrie und Landwirtschaft nebeneinander stehn, übergegangen, und heute sind wir überwiegender Industriestaat.

Deutschland stellt heute in der Hauptsache industrielle Produkte her, allein schon, um seine Gesamtbevölkerung durch Kauf mit Nahrungsmitteln versorgen zu können. Es wurde bereits gezeigt, daß wir nicht imstande sind, unter den augenblicklichen Verhältnissen unsere Bevölkerung auf unserem Boden mit unseren Agrarprodukten zu ernähren. Wir müssen kaufen, und da im internationalen Verkehr letzten Endes nicht mit Geld gekauft wird, sondern Ware mit Ware gekauft wird, so müssen wir dem Auslande, wenn wir Agrarprodukte und Rohmaterial für unsere Industrie eintauschen wollen, andere Produkte geben. Wenn wir uns klarmachen wollen, was aus uns werden soll in unserem überwiegenden Industriestaat, so müssen wir zurückgehen auf die Ursachen, die uns zu dieser industriellen Entwicklung geführt haben. Es sind in der Hauptsache drei Gesichtspunkte, die da in Betracht kommen. Es handelt sich um den technischen Fortschritt, den wir in unserer gesamten Produktion zur Geltung gebracht haben. Es handelt sich um die wirtschaftlichen Fortschritte, die wir gemacht haben, indem wir gegenüber früheren Perioden, in denen wir uns mehr mit Philosophie als mit Wirtschaft beschäftigten, wirtschaftliche Gesichtspunkte in den Vordergrund unseres Lebens gedrängt haben. Und es handelt sich um den politischen Fortschritt, den wir gemacht haben, indem wir übergegangen sind von der starren Gebundenheit der früheren Perioden zu freieren wirtschaftspolitischen und politischen Entwicklungen. Die gute alte Zeit, von der wir alle in unserer Kinderzeit immer gehört haben, ist nicht mehr. Je mehr man sich die tatsächlichen wirtschaftlichen Verhältnisse der früheren Zeit vergegenwärtigt und damit die heutigen vergleicht, um so mehr kommt man zu dem Resultat, daß das, was das Beste der guten alten Zeit in den Schilderungen ihrer Verherrlicher ausgemacht hat, tatsächlich heute nicht mehr vorhanden ist. Der entscheidende Schritt, der zu unserer industriellen Entwicklung geführt hat, ist der Übergang zur Gewerbefreiheit und zu gleicher Zeit der Übergang von kleinen und mittleren zu großen Betrieben, zum Überwiegen der Großbetriebe in der Produktion überhaupt. Wir haben bis an das Ende des 18. Jahrhunderts, man kann sagen bis in die 30er Jahre des vorigen Jahrhunderts, bis zur Einführung des Dampfes in die Fabrikproduktion, so gut wie keine Großbetriebe gehabt. Es gab ein paar Großbetriebe, sie sind tatsächlich wirtschaftshistorisch nachweisbar; aber das Charakteristische dieser Tatsache liegt gerade darin, daß ganz wenige Großbetriebe bestanden haben. Heute haben wir auch eine große Zahl von mittleren und kleinen Betrieben; aber das Charakteristische unserer Zeit ist gerade das, daß der Großbetrieb immer weitere Zweige der Produktion ergreift und sich mit seiner anders gearteten technischen und wirtschaftlichen Struktur an die Stelle vieler mittlerer und kleiner Betriebe zu setzen versucht. Man kann nicht davon sprechen, daß der Großbetrieb den Mittel- und Kleinbetrieb vernichtet; so wird die Sache sehr häufig dargestellt von mittelstandsfreundlichen Seiten, von denen, die nämlich krebsen gehen mit der Mittelstandsbewegung, heute auch von sozialistischer Seite; davon kann gar keine Rede sein. Es gibt heute noch eine Unzahl von Klein- und Mittelbetrieben, die vollkommen sicher auf ihren eigenen Füßen stehen, und die, weil sie die persönlichen Beziehungen zwischen Produzent und Konsument aufrechtzuerhalten wissen, auch auf die Dauer lebensfähig sein werden. Alle die Handwerksbetriebe, die die Vermittlung für einen ganz individuellen Bedarf auf sich genommen haben, sie werden bestehen bleiben. Aber die Herrschaft des Handwerks, die Periode, in der handwerklich gebildete und mit handwerklichen Mitteln überhaupt arbeitende Kreise die Herrschaft innerhalb der ganzen Bourgeoisie, innerhalb der ganzen großen Wirtschaft hatten, diese Periode der Herrschaft des zünftigen Mittelstandes ist vorbei. Diese Periode ist abgelöst durch die Periode des Kapitals, deren wirtschaftliche Signatur der Großbetrieb, die Großindustrie geworden ist. Zu gleicher Zeit ist in dieser Periode etwas ganz Neues eingetreten in unsere Wirtschaft: eine enorme Vergrößerung des Kreises der Konsumenten für die größte Zahl von Produkten, die überhaupt industriell hergestellt werden können. Zu gleicher Zeit hat sich eine enorme Veränderung des Konsums der Bevölkerung in der Richtung entwickelt, die noch vor zwei, drei Generationen ganz undenkbar erschienen wäre. Die Produktion hat sich natürlich diesen Konsumverhältnissen anzupassen gewußt. Nur ein Beispiel: Der Tabak ist seit der Entdeckung Amerikas in Westeuropa bekannt gewesen. Eine Tabakindustrie haben wir erst in allerneuster Zeit entwickelt; der Grund dafür ist der, daß der Konsum übergegangen ist vom Pfeifentabak zur Zigarre und zur Zigarette. Diese technische Veränderung hat zur Folge gehabt, daß unendliche Mengen von Personen beschäftigt werden müssen in der technischen Weiterverarbeitung von Tabak. Vor ungefähr jetzt noch 30 Jahren war das Porzellan ein Artikel, den man durchaus noch als Luxusartikel ansprechen mußte. Diese Periode ist vorbei. Wir haben heute eine hervorragende Porzellanindustrie. Wir haben Massenfabrikation und Massenkonsum. Ganz neue Produkte sind aufgetaucht und haben sich Fabrikationszweige eröffnet, die heute zu den allerbedeutendsten gehören. Ich erinnere nur an die Entstehung der Gummifabrikation, an die Zuckerindustrie. Die Gewinnung von Zucker aus Rüben ist seit beinahe $^5/_4$ Jahrhunderten bekannt. Die Zuckerindustrie, die augenblicklich Tausende von Personen in Deutschland ernährt und eine der wesentlichsten Exportindustrien in Deutschland ausmacht, ist ganz neuen Datums. In dem Moment, als sie zum Großbetrieb übergehen konnte, hat erst ihre Geburtsstunde geschlagen. Ich erinnere Sie an die Maschinenindustrie, an die chemische Industrie, an die Elektrizitätsindustrie, alle diese sind ganz neu, und sie sind sofort nicht im Klein- und Mittelbetrieb zur Durchführung gelangt, sondern im Großbetrieb, im kapitalistisch geleiteten Großbetrieb, der sich die sämtlichen technischen Erfordernisse zu eigen macht, der durch Bereitstellung von Kapital eine Arbeitsvereinigung geschaffen hat neben der von ihm genutzten Arbeitsteilung. Und unsere heutige große Schwerindustrie, der wir so außerordentlich viel danken, unsere Kohlen- und Metallindustrie, besonders die Eisenindustrie, ist noch vor wenigen Generationen nicht in dem Sinne Großbetrieb gewesen, wie sie das heute geworden ist. Das Charakteristische für die Schwerindustrie ist heute der Großbetrieb. Das Entscheidende ist gewesen, daß die immer wachsenden Massen der Bevölkerung, die wir produziert haben, die im Laufe der letzten anderthalb

Generationen ungefähr 1,50 % ausgemacht hat, zur Richtung der Produktion auf Massenprodukte hat führen müssen. Das ist der Grund gewesen, daß gerade diejenigen Industriezweige, die am allerentschiedensten zum Massenbetrieb haben übergehen müssen, die Führerschaft innerhalb der gesamten industriellen Bewegung angetreten haben. Unsere Schwerindustrie, unsere Rohstoffe produzierende Industrie, ist heute noch die tatsächliche Führerin der gesamten Industrie. Die ersten Anfänge zu einer neuen Abwandlung machen sich aber heute lebhaft geltend, diese Schwerindustrie, die allein auf Massenproduktion und nicht auf qualitative Verfeinerung der Produktion abgestellt ist, dieses Führerranges zu entkleiden und die Halbfabrikat- und die Fertigfabrikatindustrie, die ja immer in gewissem Sinn von dem ersten Stadium in der Produktion, der Rohstoffbeschaffung abhängig sein werden, zu selbständigen Gliedern zu machen und deren eigentliche Interessen in den Vordergrund treten zu lassen. Ich sagte: Massenproduktion und Massenkonsum ist das Entscheidende bei unserer heutigen industriellen Produktion; infolgedessen kommen selbstverständlich auch die Massen der in der Produktion tätigen Arbeiter entscheidend in Betracht. Für die gesamte Entwicklung der Industrie, die unsere heutige auf Gewerbefreiheit beruhende Wirtschaftsorganisation geschaffen hat, sind die Bestrebungen der Massen, solange sie sich in den gesetzlichen Grenzen halten, so wenig erfreulich sie oft erscheinen mögen, weil sie als Massenerscheinungen natürlich durch Druck, durch Gewalt ihre Ziele zu erreichen streben; solange sie sich in den gesetzlichen Grenzen halten, sind diese Massenerscheinungen in der Arbeiterfrage durchaus berechtigt. Wir müssen uns sagen: Wie steht der Arbeiter innerhalb der Wirtschaft, die heute charakterisiert wird durch industrielle Großbetriebe, zu den entscheidenden Fragen seines Lebens, besonders zu seinem Arbeitsvertrag? Im zweiten Vortrage wurde bereits von Lohn und Unternehmergewinn gesprochen und darauf hingewiesen, daß dem heutigen

Arbeitsverhältnis, ganz gleichgültig, ob es sich um Klein- oder Großbetrieb handelt, der freie Arbeitsvertrag zugrunde liegt. Was heißt das? Der freie Arbeitsvertrag besagt, daß das Arbeitsverhältnis beruhen soll auf einem freien Übereinkommen zwischen Unternehmer und Arbeiter, durch das der Arbeiter sich verpflichtet, seine Arbeitskraft in den Dienst einer irgendwie gearteten Unternehmung zu stellen. Er macht im Arbeitsvertrag die sämtlichen Bedingungen für den Arbeitshergang aus, er macht im Arbeitsvertrag die Höhe seines Lohnes, seine Entlohnungsmethode aus; der Arbeitsvertrag enthält alles, was ihn mit der Unternehmung verbindet. Das ist die Theorie des freien Arbeitsvertrages. Nach ihr ist durch diesen freien Abschluß des Arbeitsvertrages alles wunderschön und gut geregelt. In der Tat, man kann sich nichts Besseres denken, als die freie Übereinkunft zweier Personen, die zusammenkommen, um eine Produktionsunternehmung einzuleiten und dann auf dem Wege gütlicher Verständigung die sämtlichen Bedingungen für beide Seiten, Gewährung von Arbeitsgelegenheit auf der einen und Entlohnung auf der anderen Seite festzulegen. Ist das aber wirklich die Praxis? Ist bei den Verhältnissen, wie sie die Gewerbefreiheit und die Einführung des freien Arbeitsvertrages geschaffen haben, diese Freiheit des Arbeitsvertrages tatsächlich vorhanden? Das Gegenteil ist der Fall; der einzelne Arbeiter wird einem Arbeitsvertrag unterworfen, auf dessen Inhalt er als isolierter Arbeitnehmer keine Spur irgend eines Einflusses auszuüben hat. Was ist die Konsequenz? Er wird genötigt, sich mit seiner gesamten Person einem Arbeitsvertrag zu unterwerfen, der theoretisch frei ist, auf den er aber keinen Einfluß hat; infolgedessen wird er auf die Dauer nicht geneigt sein, sich freiwillig diesen fremden Arbeitsbedingungen, auf die er nur theoretisch aber nicht praktisch Einfluß hat, zu unterwerfen. Infolgedessen tritt die Koalition der Arbeitnehmer unbedingt ein, die durch das Schwergewicht einer Organisation der Summe von Arbeitern, die sich zusammengeschlossen haben, erst die

Möglichkeit eröffnet, durch diese Tatsache eventuell auf den Inhalt des Arbeitsvertrages Einfluß zu gewinnen. Wieweit das heute vorgeschritten ist, ergeben die statistischen Angaben über die Zahl der Mitglieder von Verbänden der Privatangestellten, der freien Gewerkschaften, die man ja sehr häufig als sozialdemokratische bezeichnet, die sie der Mehrzahl der Anhänger nach auch tatsächlich sind, trotzdem sie keine Politik als solche treiben, der Hirsch-Dunckerschen Gewerkschaften und der christlichen Gewerkschaften; und dazu haben wir heute noch die gelben Gewerkschaften, deren Teilnehmerzahl schwer festzustellen ist. Gelbe Gewerkschaften sind Organisationen von Arbeitern eines Werkes, die sich grundsätzlich den bisher existierenden Arbeitnehmerorganisationen fernhalten und theoretisch aufgebaut sind auf der Interessenidentität von Arbeitnehmer und Arbeitgeber. Daß diese Interessenidentität tatsächlich nicht besteht, ist bereits im zweiten Vortrag dargelegt. Sie ist tatsächlich nicht vorhanden, soweit der Inhalt des Arbeitsvertrages in Betracht kommt. Die Arbeitnehmerverbände sind innerhalb des Rahmens, der geschaffen ist durch die Gewerbefreiheit, innerhalb der Grenzen, die für unsere Wirtschaft augenblicklich durch gesetzliche Vorschriften gezogen sind, ein Organ, das absolut notwendig ist, das unbedingt funktionieren muß, um dem Arbeitsvertrag, der die Basis unserer industriellen Entwicklung in der letzten Generation gewesen ist, von der Arbeiterseite her überhaupt erst einen Inhalt zu geben. Es bedarf also, wenn man industrielle Fragen überhaupt erfassen will, heute zu allererst, wenn man gerecht sein will, der grundsätzlichen Anerkennung der Berechtigung der Organisationen der Arbeitnehmer, natürlich immer soweit, wie sie sich innerhalb der gesetzlichen Grenzen halten. Natürlich bildet sich demgegenüber die Gruppe der Arbeitgeberverbände. Es hatte sich im Kampfe um die Arbeitsverträge, im Kampfe um die Arbeitsbedingungen eben herausgestellt, daß der einzelne Unternehmer den Organisationen der Arbeitnehmer, sobald sie einmal wirklich erstärkt sind, relativ machtlos gegenüberstand. Genau ebenso notwendig und berechtigt, wie die Arbeitnehmerorganisationen sind daher die Arbeitgeberorganisationen, soweit sie sich darauf beschränken, beeinflußend zu wirken auf den Inhalt des Arbeitsvertrages, soweit wie sie nicht darüber hinausgehen und zu einer grundsätzlichen Beseitigung der Erfolge der Arbeitnehmerorganisationen benutzt werden sollen, die eben erst durch die Existenz der Arbeitnehmerorganisationen erfolgt sind. Wir haben, nachdem heute ausnahmslos von der Arbeitnehmerseite die Berechtigung der Arbeitgeberorganisationen anerkannt ist — die Arbeitnehmerorganisationen selbst können gegen sie auch niemals etwas tun — und sofern von Arbeitgeberseite die Berechtigung der Arbeitnehmerorganisationen anerkannt ist, so daß ein Verhandeln von Macht zu Macht denkbar geworden ist, eine ganz neue Entwicklung des Arbeitsvertrages gesehn, die Entwicklung vom isolierten Arbeitsvertrag, vom Arbeitsvertrag des einzelnen zum kollektiven Arbeitsvertrag, zum Abschluß des Arbeitsvertrages von Organisation zu Organisation, indem in allgemeinen Arbeitsverträgen alles Grundsätzliche festgelegt ist, auch Lohntarife festgelegt sind. Nachdem diese Phase des Kampfes durchgeführt ist, haben wir heute die tatsächliche Umbildung großer Teile der vorhandenen Arbeitsverträge aus individuellen, isolierten, zu kollektiven, allerdings in sehr verschiedenem Maße in den einzelnen Gewerben. Im Gegensatze zu England, wo gerade in der Rohstoffproduktion und der Schwerindustrie die kollektiven Arbeitsverträge zwischen Arbeitgeber- und Arbeitnehmerorganisationen vorwiegen, haben wir die entgegengesetzte Entwicklung, nämlich den Übergang zum Tarifvertrag bei der Fertigfabrikatindustrie, auch im Baugewerbe, die uns in der Schwerindustrie bis jetzt fast vollständig fehlt. Der entscheidende Grund liegt darin, daß die führenden Organisationen der Arbeitgeber bei uns, soweit wie sie der Schwerindustrie angehören, sich zu einem nicht unbeträchtlichen Teile, speziell unter der

Führung des Zentralverbandes Deutscher Industrieller, noch nicht zur grundsätzlichen Anerkennung der Berechtigung der Arbeitnehmerorganisationen bereit erklärt haben. In dem Augenblick, in dem diese grundsätzliche Anerkennung der Arbeitnehmerorganisationen auch von dieser Seite ausgesprochen wird, werden wir den enormen Schritt vorwärts machen, daß wir eben zur wirklichen, reellen Durchführung des freien Arbeitsvertrages übergehn und wahrscheinlich dann auch Tarifverträge auf dem Gebiet der Rohstoffproduktion entwickeln. Solange das nicht der Fall ist, werden wir in Deutschland nicht aufhören, die üble Seite dieser Phase des Kampfes zu erleben. Weil eben es nicht allenthalben bei uns heute schon zur Ausgleichung der Interessen durch gemeinsame Beratungen der Organisationen gekommen ist, haben wir immer wieder, und zwar nicht nur in großen Perioden, sondern alle Augenblicke Streiks von seiten der Arbeitnehmer, Aussperrungen von seiten der Arbeitgeber; wir haben Boykotts, und es ist nicht zu leugnen, daß auch bei uns das System der Sabotage, der Vernichtung von Produktionsmitteln, in diesem Kampfe um den Arbeitsvertrag verwandt wird. Alle diese Mittel, abgesehen von der Sabotage, die Streiks, Boykotts und Aussperrungen müssen innerhalb unseres heutigen Wirtschaftssystems als notwendige Sicherheitsventile anerkannt werden, die unbedingt immer wieder in die Erscheinung treten müssen, solange nicht die gütliche Einigung auf dem Wege der Verhandlung von Organisation zu Organisation gesichert ist. Alle diese Mittel sind durchaus erlaubt. Es darf nicht davon die Rede sein, den streikenden Arbeiter oder den aussperrenden Unternehmer irgendwie moralisch zu verurteilen; er handelt in seinem guten Recht, wenigstens darf er glauben, in seinem guten Recht zu sein, und solange er dieses Recht bona fide benutzt, sollte ihn niemand irgendwie beeinträchtigen. Aber es läßt sich nicht verkennen — das beweisen unsere heutigen Zustände — die fortwährende Wiederkehr der Öffnung dieser Sicherheitsventile, daß wir es noch nicht zu tun haben mit einem wirtschaftlichen Körper, der in voller Gesundheit seine Wege geht, sondern mit einem Gebilde, das Krankheitserscheinungen zeigt, die eben beseitigt werden müssen. Das Ziel des Politikers wie des Nationalökonomen und ganz besonders des Sozialpolitikers muß es natürlich sein, diese Mittel: Streiks, Boykott und Aussperrung zu verweisen auf die Notfälle, und sie nicht zu Mitteln werden zu lassen, zu denen sie teilweise heute mißbraucht werden, zum Zwecke der täglichen Beunruhigung der Produktion. Denn was ist regelmäßig die Konsequenz von Streiks oder Aussperrungen? Wenn der Streik gelingt, handelt es sich heute um eine Demütigung des Unternehmers, verbunden mit einer Schädigung der Produktion, es gehen Kapitalien verloren allein schon durch den Stillstand der Werke; umgekehrt bei der Aussperrung: gelingt sie, so werden die Arbeiter brotlos gemacht, sie sind geschlagen für eine Zeitlang, sie müssen nachgeben und wieder zu den alten Bedingungen oder ähnlichen eintreten. Gelingen diese beiden Methoden des wirtschaftlichen Kampfes der Seite, die sie durchführen will, nicht, so bleibt doch eine Störung der Produktion, und es erfolgt erst nachträglich ein Eingehen auf die allmählich neuen Verhältnisse, was ebenso hätte erreicht werden können, wenn man zur rechten Zeit den Weg gütlicher Verhandlung betreten hätte. Es handelt sich also darum, auch wenn man die Berechtigung, ja die Notwendigkeit der Organisation auf beiden Seiten zur Durchführung des wirtschaftlichen Kampfes grundsätzlich anerkannt, die Einführung ruhigerer Methoden, als sie Streiks und Aussperrungen bieten, zu erreichen, um die Ersetzung roherer Kampfmethoden durch zivilisiertere, durch die Anerkennung der gegenseitigen Gleichberechtigung als Teile eines großen Ganzen. Es müssen also Wege zum Frieden gefunden werden. Es müssen Instanzen ins Leben gerufen werden, die eine Autorität für beide Seiten besitzen, um tatsächlich als Einigungsämter fungieren zu können. Ob derartige Einigungsämter an Arbeitskammern angeschlossen werden oder an Handelskammern, oder an die Gewerbegerichte, oder ob sie zustande kommen nur durch positive Anerkennung der Führer der gegenseitigen Organisationen, ist an sich gleichgültig. Das Entscheidende ist nur, daß eben an die Stelle des rohen Kampfes die Einigung, begründet auf der Erkenntnis der beiderseitigen Interessen, gesetzt wird. Dazu bedarf es allerdings eines Schrittes, den ein Teil unserer Industrie noch nicht getan hat. Es bedarf der Anerkennung der Situation, daß der alte patriarchalische Standpunkt, daß der Industrielle, speziell der Großindustrielle, Herr im Hause sei und einseitig alles festsetzen könne innerhalb seiner Unternehmung, heute unmöglich geworden ist. Es bedarf der gleichzeitigen Anerkennung nicht der konstitutionellen Fabrik, in der etwa die Arbeiter in die Produktion, in die Tätigkeit des Unternehmers hineinzureden hätten, durchaus nicht, sondern der Anerkennung dessen, daß der Arbeiter ebensowenig Sklave der Unternehmung ist, wie wir heute noch etwa den Untertan der alten absolutistischen Zeit kennen. Wir haben an Stelle des Untertanen in allen modernen Verhältnissen den Staatsangehörigen, wir haben die Anerkennung des einzelnen als vollberechtigten Mitgliedes des Staatswesens, dem er angehört, und in diesem Sinne gehört auch der Arbeiter der Unternehmung als vollberechtigtes Mitglied, nicht als Sklave an.

Es war schon darauf hingewiesen, die Arbeitnehmer hätten sich für das einzige Ziel eigentlich, das sie auf dem Gebiete der Wirtschaft durchzusetzen haben, für die Ausgestaltung des Arbeitsvertrages, Organisationen geschaffen im Gegensatz zu den Unternehmern. Sie sind wichtig. Aber wir haben in der Industrie noch eine zweite Gruppe von Organisationen, die der Arbeitgeber, die in der Hauptsache der Regelung der Produktion dienen. Sie bedeutet mindestens ein ebenso vitales Interesse der Unternehmer, der Unternehmungen und der Volkswirtschaft wie die Sicherung der Freiheit des Arbeitsvertrages. Aus diesem Grunde haben wir die großen Verbände in der Industrie, teils zur direkten Regelung der Produktion im einzelnen, z. B. der Kontingentierung der Produktion einer bestimmten Industrie, zur Verhütung von Überproduktion. Wir haben die Kartelle, wir haben Syndikate; wir haben in Deutschland noch keine Trusts, aber man hat sie schon sonst in der Welt, und die Möglichkeit, daß wir sie bekommen, ist durchaus noch nicht ganz von der Hand zu weisen, obgleich das nicht gerade wahrscheinlich ist. Das Entscheidende bei allen diesen Vereinigungen von Unternehmern zur Regelung der gesamten Produktion ist das Hinwirken darauf, die freie Konkurrenz, die als rechte Konsequenz der Gewerbefreiheit, der grundsätzlichen Gewerbefreiheit auftreten muß, wieder in Schranken zu verweisen, die für den ruhigen Ablauf der gesamten Produktion den Unternehmungen notwendig erscheinen. Der einzelne Unternehmer hat unter der Herrschaft des Grundsatzes der Gewerbefreiheit natürlich kein anderes wesentliches Interesse, als diese freie Konkurrenz so stark wie möglich zu seinem Gunsten auszunutzen. Das ist auch in reichstem Maße geschehen, aber gerade, weil es von allen Seiten geschehen ist, hat sich die Folge dieser freien Konkurrenz gezeigt, daß bei starkem Angebot der Produktion selbstverständlich Unterbietung in den Preisen eintritt, die zum Verschwinden der Rentabilität der Unternehmungen führen kann. Aus diesem Grunde sind die Maßnahmen, die auf dem Wege der Selbsthilfe innerhalb unserer freien Wirtschaft von seiten der Unternehmer getroffen werden, um in die Wirkung der freien Konkurrenz einzugreifen, vom Standpunkte der Volkswirtschaft aus nur zu begrüßen, allerdings mit einer Einschränkung: solange wie sie tatsächlich in der Form gebraucht werden und dazu führen, eine vollständige Befriedigung des Konsums zu gewährleisten, wie sie die internationalen Produktionsverhältnisse tatsächlich ermöglichen. Wenn aber derartige Kartelle und Syndikate ausgenutzt werden, weiter über den berechtigten Selbstschutz der Produktion hinaus zur Schützung eines inneren Marktes zu gelangen, auf dem Kartelle die Produktion in einzelnen Zweigen der Industrie direkt monopolisieren, um die Preise innerhalb ihres Einflußgebietes hochzuhalten, höher als es notwendig wäre im Verhältnis zu den allgemeinen Produktionsverhältnissen, so können volkswirtschaftlich sehr große Bedenken gegen eine derartige Ausnutzung dieser Unternehmerverbände auftreten. Diese Unternehmerverbände wirken allerdings auch nach dieser Richtung hin ganz zweifellos günstig, solange als es sich um aufkommende Industrien handelt, die ohne diese Selbsthilfe, den Schutz, den sie sich durch gegenseitige Bindung ihrer Tätigkeit schaffen, zugrunde gehen würden wegen der Weltmarktkonkurrenz. Aber das ist etwas anderes, als wenn eine Industrie an sich durchaus auf gesundem festen Grund steht, und die Methode der Kartellierung nur zur Ausbeutung auf einem inneren Markt benutzt, oder wenn sie, wie das durchaus im Zuge der Entwicklung liegt, die Möglichkeit der Beschränkung der Konkurrenz durch die Kartellierung dazu verwendet, um nun auf dieser Basis einen Einfluß auf die Gesetzgebung auszuüben und eine Schutzzollpolitik für sich durchzuführen, durch die ein vom Auslande direkt abgeschlossenes Gebiet ihr zur Verfügung gestellt wird, während sie in die Lage kommt, dem Ausland billigere Preise zu berechnen als dem Inland. Sobald diese Wirkung eintritt, ist volkswirtschaftlich von den ursprünglich vorhandenen Vorteilen der Kartelle und Syndikate sehr wenig übriggeblieben, nichts weiter übriggeblieben, als eine gewisse Regelung der Produktion, eine Beseitigung der Schleuderkonkurrenz innerhalb dieses Kreises. Aber diesem einzigen Vorteil steht dann der bedenkliche Nachteil gegenüber, daß er sich nur im Zusammenhang mit einer Schutzzollpolitik ergab, die zur Ausbeutung der Konsumtion auf dem inneren Markt führte.

Neben diesen Kartellen und Syndikaten gibt es, um die gemeinsamen Interessen dieser Kreise zu vertreten, eine Reihe von Organisationen: den Zentralverband Deutscher Industrieller, den Bund der Industriellen und Hunderte von freien Vereinigungen, die ausschließlich den Zweck verfolgen, die gemeinsamen Interessen eines Industriezweiges oder einer großen Gruppe miteinander verwandter Industriezweige zu vertreten. Diese industriellen Verbände, die auf Selbsthilfe beruhen, werden immer ihre Stellung behalten, trotzdem der Staat inzwischen zu einem System übergegangen ist, das ursprünglich auch wohl die Absicht hatte, jedenfalls dazu geeignet war, diese freien Organisationen der Selbsthilfe in ihrer Tätigkeit zu unterbinden, nämlich die Einführung von staatlich geordneten Interessenvertretungen, wie wir sie heute haben in den Handelskammern, Gewerbekammern, Detaillistenkammern und Handwerkskammern. Diese Kammern beruhen zwar zu einem großen Teil auf alten Verhältnissen, nämlich auf Verhältnissen der städtischen Wirtschaft, wie z. B. die bekannten Vorsteherämter der Kaufmannschaften einzelner Seestädte. Wir haben fast in ganz Deutschland solche Handelskammern, oder Handels- und Gewerbekammern, welche alle dazu dienen, die gemeinsamen Interessen der Unternehmungen, der in Unternehmungen zusammengeschlossenen Arbeitgeber und Arbeitnehmer in Handel und Industrie zu vertreten, und zwar dem Staate gegenüber. Sie sollen die Organe des Staates sein, die ihn orientieren über den stetigen Wechsel innerhalb der Produktion Distribution und Konsumtion. Wir haben zu fragen: sind diese staatlichen Organisationen, die der Staat sich selbst geschaffen hat, überhaupt in ihrer Konstruktion geeignet, um dem Staate die Dienste zu leisten, die er von ihnen verlangt? Die Frage kann heute nur im allgemeinen mit Nein beantwortet werden. Die amtlichen Kammern kranken samt und sonders an dem entscheidenden Fehler, daß sie entweder überhaupt nicht oder nicht rechtzeitig gefragt werden, oder daß man ihnen das Material, auf dessen Kenntnis ihre Entscheidungen mindestens zu einem großen Teil beruhen sollten, nicht rechtzeitig zur Verfügung stellt, so daß sie eben mit ihren Gutachten tatsächlich regelmäßig zu spät kommen. Es ist heute leider festzustellen, daß häufig die staatlich organisierten Vertretungen von Handel und Gewerbe aus dem Grunde versagen, weil die Konstruktion, die Eingliederung dieser staatlichen Organe in den Gesamtorganismus des Staates eine unrichtige gewesen ist. Aus diesem Grunde haben wir die merkwürdige Erscheinung, daß die wirklichen Vertretungen, besonders der Industrie, nicht die Handels- und Gewerbekammern sind, sondern die Interessenverbände, die auf Selbsthilfe beruhen. Sie haben von sich aus das Material, das für sie entscheidend ist, solange es sich nur um ihre eigenen Interessen handelt, und sie üben durch das Gewicht ihrer Masse, durch die Kraft und Beweglichkeit ihrer Organisationen, die vom Staate völlig unabhängig sind, die Einwirkungen, die schließlich zu staatlicher Wirtschaftspolitik führen. Das ist ein großes Bedenken in unserer heutigen industriellen Lage, weil dabei gewöhnlich die staatlich gebotene Rücksicht auf die allgemeinen volkswirtschaftlichen Interessen zu kurz kommt und allein der Bureaukratie überlassen bleibt.

Es ist ein Bedenken, das sehr leicht beseitigt werden könnte, wenn man dazu übergehen würde, den amtlichen Organisationen die tatsächliche Macht zu verleihen, die ihnen nur durch rechtzeitige Information seitens des Staates und der Verleihung des Rechtes der Enquete, der Verpflichtung zur Aufklärung, gegeben werden kann.

Wenn die Interessen der Industrie schon vertreten werden durch staatliche und durch freie Organe, so gibt es daneben noch etwas anderes, die Parlamente, die industrielle Politik machen. Wir haben in Deutschland eine Periode, die seit dem Bestehen des Zollvereins durch ein allmähliches Abkehren von schutzzöllnerischen Grundsätzen zu vollem Freihandel charakterisiert ist. Wir haben dann — diese Periode hatte bis 1878 gewährt — in der Zeit zwischen 1873 und 1878 einen Kampf der Meinungen über Freihandel und Schutzzoll in den Parlamenten, und wir haben die Tatsache, daß, weil in den Jahren 1873 bis 1878 die deutsche Schwerindustrie, besonders die Eisenindustrie, stark bedroht war, die Bewegung von 1878/79 kam, die zu einer industriellen und landwirtschaftlichen Schutzzollpolitik führte, zum prinzipiellen Übergang zum System des Schutzes der nationalen Arbeit, des gleichmäßigen Schutzes von Industrie und Landwirtschaft durch Schutzzölle. Man kann zugeben, daß diese Schutzzölle für unsere deutsche Industrie glänzend gewirkt haben in der Richtung, daß sie den Unternehmungen einen inneren Markt gesichert haben, und zwar einen an Ausdehnung und Aufnahmefähigkeit durch die Bevölkerungszunahme und den steigenden Wohlstand immer an Bedeutung wachsenden Markt, der zweifellos zu einer inneren Kräftigung unserer Industrie beigetragen hat. Es ist aber nicht zu verkennen, daß diese Schutzzölle auch gerade Unternehmungen großgezogen haben, die ohne den Schutz der vorhandenen Zölle in eine prekäre Situation gegenüber den internationalen Verhältnissen gelangen würden. Wir haben also durch diese Schutzzölle die Situation erhalten, daß wir bei einer an sich durchaus gesunden Industrie auch solche Teile in der Industrie haben, die nicht vollständig selbständig dastehen, sondern durch Zuhilfenahme der erhöhten Inlandpreise erhalten werden. Diese Entwicklung ist durchaus verständlich. Und daß der Zusammenschluß von Industrie und Landwirtschaft zu Schutzzöllen eingetreten und noch immer vorhanden ist, ist beinahe selbstverständlich. Denn gerade die Großindustrie und die Großlandwirtschaft haben allerdings das identische Interesse, nämlich die Beseitigung der Freiheit des Staatsbürgers, was das Arbeitsverhältnis angeht, solange sie von den heutigen konservativen Grundanschauungen, von solcher konservativen Weltanschauung, von der patriarchalischen Weltanschauung ausgehen. Da nun eine konservative Weltanschauung, die den „Herr-im-Haus-Standpunkt“ durchführen will, tatsächlich noch in diesen Kreisen herrscht, so sind die Interessen der Großindustrie, die die Massen von Arbeitern in der Hand hat, und die Interessen der Großbetriebe in der Landwirtschaft tatsächlich soweit identisch. Das ist auch ein Hauptgrund, weswegen diese beiden Teile noch immer wieder zusammengehen zur Aufrechterhaltung der Schutzzölle auch da, wo sie an sich nicht einmal aus wirtschaftlichen Gründen mehr verteidigt werden müssen. Aber demgegenüber ist darauf hinzuweisen, daß im Staat nicht allein ein derartiges Produzenteninteresse herrschen darf. Ein derartig für die großen Produzenten geschützter innerer Markt ist zweifellos für sie erfreulich, aber diese an sich sehr verständlichen Interessen kreuzen sich mit den Interessen der Konsumenten. Das Entscheidende ist aber dabei, daß zwar die meisten mehr oder weniger produzieren, alle aber Konsumenten sind, und die Industrie ist tatsächlich in erster Linie Selbst-Konsument von Agrarprodukten, die sie sich durch die Hilfe, die sie der Landwirtschaft zollpolitisch geleistet hat, selbst verteuert hat. Das merken wir heute in Deutschland als Industriestaat immer mehr am eigenen Leibe; hier liegt der Grund für die Verteuerung unserer Fabrikate gegenüber der Weltmarktsproduktion. Wir haben die Lebenshaltung bei uns in Deutschland stark verteuert durch unsere Schutzzollpolitik, die dem Schutze der nationalen Arbeit gewidmet ist, und sie drückt uns jetzt auf dem Weltmarkt in unserer Konkurrenzfähigkeit. Wenn nun aber heute feststeht, daß das Hauptgewicht unserer wirtschaftlichen Tätigkeit nicht mehr auf der Seite der Landwirtschaft liegt, sondern auf seiten der Industrie, die die Verteuerung der Lebenshaltung durch agrarische Schutzzölle in den Löhnen, die sie zahlen muß und die ihre Konkurrenzfähigkeit am Weltmarkt beschränkt, tragen muß, so fragt sich, ob unsere Industrie auf die Dauer noch lange bei dieser Politik bleiben kann, oder ob wir nicht schon an dem Punkte angelangt sind, wo sich die Interessen von Industrie und Landwirtschaft tatsächlich trennen? Daß die Industrie tatsächlich als größte Konsumentin in Deutschland an der Herabsetzung der landwirtschaftlichen Schutzzölle ein vitales Interesse hat, das kann heute nicht gut mehr bezweifelt werden. Es ist im Gegenteil festzustellen, daß die Industrie an der Existenz von Getreidezöllen durchaus keinerlei wirtschaftliches Interesse hat. Unsere Industrie ist gesund, und sie ist gesund, kampffähig und kräftig geblieben, trotzdem wir eine Sozialpolitik getrieben haben, von der unbedingt zu sagen ist, daß sie unsere Industrie stark belastet. Wir haben diese Sozialpolitik eingeführt in einer Periode, in der die industrielle Produktionsfähigkeit auf Grund der Fortbildung der Technik enorme Fortschritte gemacht hat, aber in dieser Periode ist der Weltmarkt mit seinem Druck immer mehr in die Erscheinung getreten, so daß die Isolierung der einzelnen Wirtschaften immer schwerer aufrechtzuerhalten war. Es wird heute vielfach behauptet, daß unsere Industrie erliege unter dem Gewichte der Lasten, die die Sozialpolitik ihr auferlegt hat, und es kann nicht gut bezweifelt werden, daß die Lasten bedeutend sind. Es ist festzustellen, daß die durchschnittliche Belastung von Arbeitgeber und Arbeitnehmer z. B. bei der Krankenversicherung ungefähr 3—3¼% der Löhne beträgt; es ist festzuhalten, daß bei der Unfallversicherung die Belastung ungefähr 1,7% der Löhne beträgt; und bei der Alters- und Invalidenversicherung dürfte nach neueren Ausführungen die Belastung der Löhne von Arbeitgeber und Arbeitnehmer zusammen ungefähr 1,8% ergeben. Man berechnet heute, daß die durchschnittliche Belastung mit Arbeiterversicherungsbeiträgen heute in Deutschland für Arbeitgeber und Arbeitnehmer zusammen ungefähr 6,75% der Löhne beträgt. Es wird schwer sein, wirklich absolut richtige Zahlen für diese Berechnungen aufzustellen. Aber daß diese Summen an sich bedeutend sind, darüber kann nicht irgendwie ein Zweifel bestehen. Entscheidend aber ist nicht die Frage, ob eben derartige Zuschläge zu den Produktionskosten tatsächlich gezahlt werden, sondern ob diese Zuschläge eine Konkurrenz der deutschen Industrie auf dem Weltmarkt tatsächlich unmöglich machen. Infolgedessen bedarf es nicht der Feststellung der Kosten der Sozialpolitik gegenüber den Lohnsummen, sondern es bedarf der Feststellung dessen, welchen Prozentsatz diese Kosten im Vergleich zu den

Preisen der Produkte der deutschen Industrie auf dem Weltmarkt bedeuten; und ob diese Kosten die Konkurrenz auf dem Weltmarkt verhindern. Und da geht nun allerdings augenblicklich die Meinung der Theoretiker dahin, daß diese Belastung der deutschen Industrie — soweit für sie der Auslandsmarkt in Betracht kommt — tatsächlich irrelevant sei, wenigstens wird von allen Seiten, und auch von Exportindustriellen immer wieder betont, daß eine Exportindustrie, die an Differenzen im Preise scheitert, die herbeigeführt sind durch derartige relativ kleine Produktionskostenerhöhungen, überhaupt zwecklos sei. Eine Exportindustrie, die nicht rechnen könne mit relativ großen Gewinnen, sei überhaupt auf die Dauer undurchführbar. Aber diese Frage ist heute noch nicht genügend geklärt. Was man aber festhalten kann, das ist das, daß unsere Sozialpolitik uns tatsächlich bei der Struktur unserer politischen Verhältnisse vor dem offenen und erbitterten Kampf der Arbeitnehmer gegen die Unternehmer bewahrt hat. Bei der Summe von Zündstoff, die allmählich innerhalb der letzten Generation angesammelt ist, ist es eine der wichtigsten Erscheinungen, daß wir in Deutschland eine Sozialpolitik haben, deren enorme Vorzüge für die großen Massen unserer Bevölkerung jedem, der überhaupt Augen haben will, zu sehen, unbedingt in die Augen springen müssen. Unsere deutsche Sozialpolitik ist das beste Sicherheitsventil gewesen, das wir in unseren wirtschaftlichen und staatspolitischen Organismus eingefügt haben, um eben Explosionen zu verhüten. Infolgedessen wird auch auf die Dauer neben der Fortbildung der Technik die Fortbildung der Sozialpolitik, bei der ja unsere Industrie in allererster Linie beteiligt ist, weil sie die größten Massen der Bevölkerung umfaßt, nötig sein. Das sind Lebensfragen der Industrie.

Aber wenn wir auch diese Situation anerkennen, so dürfen wir dabei nicht vergessen, daß heute rücksichtslos von seiten der Interessentenorganisationen innerhalb der Industrie, auf der Arbeitgeber- wie auf der Arbeitnehmerseite, Interessen verfochten werden; infolgedessen ist es die wichtigste Aufgabe des Tages, für alle diejenigen, die nicht selbst in diesen Interessenverbänden stehn, immer wieder darauf hinzuweisen, daß trotz dieser divergierenden Interessen der beiden großen Parteien innerhalb der Produktion auch Gemeinsamkeiten für sie vorliegen, die in allererster Linie darauf begründet sind, daß eben die Industrie die tatsächliche Nährmutter unserer Produktion geworden ist. Also es heißt für uns in Deutschland: Wenn wir eine gesunde industrielle Entwicklung haben wollen, dann müssen wir festhalten daran, daß die Existenz der Unternehmungen, innerhalb deren Arbeitnehmer und Arbeitgeber zusammengeschlossen sind, durch deren Arbeitsteilung erst unsere Produktion ausschließlich geschaffen ist, davon abhängt, daß diese Zusammengehörigkeit tatsächlich anerkannt wird. Die Zusammenfassung dieser beiden Teile zum Produzieren ist absolute Notwendigkeit für ein gesundes Fortbauen auf dem Boden, auf dem wir heute stehn. Es ist eine der wesentlichsten Aufgaben, nach dieser Richtung hin zu versuchen, Aufklärung zu geben; klar zu machen, daß trotz divergierender Interessen im einzelnen Falle, und zwar gerade, wie in der Frage von Lohn und Unternehmergewinn klar wurde, gewisse gemeinsame Interessen vorliegen, Bindeglieder gegeben sind, weil wir alle Glieder eines Organismus sind. Wir brauchen, wenn wir eine ruhige Entwicklung, eine regelmäßige Produktion, eine Steigerung der Produktion haben wollen, die notwendig ist, um unsere steigende Bevölkerung ernähren zu können, gerade in der Industrie das Zusammenarbeiten der beiden Glieder, auf der sie beruht, nicht die Selbstzerfleischung des sozialen Kampfes.

V. Handelsfragen.

Der älteste Handel, den wir kennen, spielt sich in der Form des Karawanenhandels ab, so, wie ihn alle aus dem Alten Testament kennen; des Seehandels, wie bei den Phöniziern und den Wikingern; dabei pflegt ganz regelmäßig eine gehörige Portion Seeräuberei zu sein. Seefahrt, Seehandel und Seeräuberei sind drei Begriffe, die für den Menschen der früheren Jahrhunderte absolut zusammengehörten. Ein unbewaffneter Kaufmann ist für die älteren Jahrhunderte undenkbar, und daß beim Handel geräubert wird, ist eine Ansicht, die auch heute ja noch in vielen Kreisen geteilt wird. Daß außerdem der Kaufmann auch ein Kulturträger ist, wird allgemein anerkannt, außer vielleicht von den Missionen. Man braucht nur an die Odyssee zu denken, an die deutsche Sage und Geschichte, an die Kaufleute der Gudrunsage — allenthalben finden Sie den Kaufmann zu gleicher Zeit als eine viel begehrte und viel geschmähte Persönlichkeit. Im Mittelalter taucht dann der königliche Kaufmann zum erstenmal auf. Auf dem großen Markt von Châlons erscheint der königliche Kaufmann, der in seiner Person, durch die Macht, die er zeigt, durch den Einfluß, den er übt, diesen Ruf erhält. Und wenn man in das Zeitalter der Renaissance sieht, findet man die Familie der Medici in Florenz, die Vendramin und die Morosini in Venedig, in Deutschland die Fugger und die Welser, später die Rothschilds. Heute sehn wir die Fürsten Fürstenberg, Hohenlohe und Henckel von Donnersmarck als Kaufleute. Daneben haben wir aber als Kaufleute ebenso den kleinen Detaillisten, den kleinen Handelsmann in Mewe oder Konitz; wir haben den Inhaber des großen Warenhauses und den Bremer Baumwollenkaufmann; wir haben die Deutsche Bank und den kleinen Bankier, die kleinen Ostseereedereien und die Hamburg-Amerika-Linie; alles Kaufleute, Handeltreibende im wahren Sinne des Wortes.

Was ist denn eigentlich Kauf, was ist Handel? Worin liegt das, was alle diese so verschiedenen Personen einigt, berufsmäßig einigt? Der Nationalökonom pflegt zu sagen: Der Handel ist die berufsmäßige und gewerbsmäßige Vermittlung des Austausches von Waren zwischen Produktion und Konsumtion. Die Tendenz ist die, an der Differenz zwischen dem Einkaufspreis und dem Verkaufspreis zu verdienen. Der Kaufmann produziert nicht in dem Sinne wie der Rohstoffproduzent, er konsumiert, was er für sich braucht, somit ist er Konsument; aber er konsumiert nicht seine Ware, die er einkauft, sondern er kauft Ware ein, um sie zu verkaufen. Er verteilt die Resultate der Produktion. — Daraus hat sich die Theorie gebildet: Der Kaufmann und der Handel seien eigentlich nichts weiter wie Schmarotzerpflanzen, die den Weg der Ware von der Produktionsstätte bis zur Konsumtionsstätte immer unnötig verteuerten. Ist das wirklich wahr? Es kann gar keinem Zweifel unterliegen, er verursacht selten eine wesentliche Umgestaltung der Ware, die einmal produziert ist, die einmal ein Fertigfabrikat geworden ist. Aber er tut doch vieles an der Ware. Seine Aufgabe ist je nach der einzelnen Ware durchaus verschieden. Es kommt vor, daß er an einer Ware gar nichts weiter tut, als für eine fertige Ware einen Absatzmarkt zu suchen, andere bearbeitet er stark. Aber zwischen diesen Grenzen gibt es eine Unmenge von verschiedenen Tätigkeiten, Reinigung der Ware, Mischung, Teilung, Verpackung, alles sind Aktionen, die der Kaufmann, der Handel vorzunehmen hat auf dem Wege vom Produzenten zum Konsumenten. Ich erinnere Sie nur an den Kaffee. Der Kaffee wird in den Tropen produziert und kommt meistenteils in der Form, in der er dort produziert ist, zu uns, verfrachtet auf fremden Schiffen oder unter deutscher Flagge; er wird in Hamburg und Bremen gereinigt, sortiert und gemischt, auch anderswo wird er mitunter noch einmal gemischt. Der finnische Kaffee z. B. wird zum größten Teil, bevor er sein Bestimmungsland erreicht, noch einer besonderen Manipulation unterworfen; er wird regelmäßig poliert; erst dann kommt er allmählich in den Konsum. Wein z. B. wächst an den verschiedensten Orten; aber in der Form, in der er wächst, wird er sehr selten getrunken, außer an der Produktionsstätte. Der Weinhandel beschäftigt sich mit der Reinigung, der Mischung, der Zubereitung des Weins für einen besonderen Geschmack. Bordeauxweine, in Ostelbien oder in Bordeaux oder in Lübeck getrunken, pflegen sehr verschiedene Dinge zu sein. Der Weinhandel nimmt diese Manipulationen vor. Man hätte vor Jahren sogar auch von Weinfabriken eventuell reden können. Aber das Wesentliche ist auch im Weinhandel die Funktion des Handels, dem Konsumenten das von ihm gewünschte Gut zuzuführen. Auch bei Getreide pflegt durchaus nicht das Getreide, das gewachsen ist, in der Form ohne weiteres konsumiert zu werden, sondern es pflegt zu Mahlzwecken, nachdem es gereinigt ist, irgendwie gemischt zu werden. Auch bei den Büchern ist es nicht so, daß etwa der Produzent der Bücher, der Verleger, dem Konsumenten das Buch zustellt, sondern dazwischen schiebt sich der Kaufmann ein in den verschiedensten Formen, als Barsortimenter in Leipzig, lokaler Sortimenter, oder in der Form der großen Auslieferungslager in Leipzig und Berlin.

Das Ziel aller dieser Tätigkeiten des Kaufmanns ist die Beseitigung der örtlichen und zeitlichen Differenz zwischen der Produktion und der Konsumtion. Er soll vermitteln zwischen Produzenten und Konsumenten. Je nach dem Quantum Macht, über das der Kaufmann verfügt, ist er derjenige, der den wesentlichsten Einfluß auf die Produktion und Konsumtion hat oder der Produzent. Der Kaufmann ist, wenn er die Macht hat, derjenige, der die Konsumenten zwingt und ebenso die Produzenten; der es veranlaßt, daß man nicht in der Tucheler Heide Weizen baut und teuren Weizen in Deutschland zum Verkauf bringt, sondern den billigen argentinischen oder kanadischen Weizen nach Deutschland importiert und dadurch zu einer Senkung des Preisniveaus für die wichtigsten Konsumtibilien beiträgt; d. h., wenn er kann. Wenn der Kaufmann tatsächlich die Möglichkeit hat, den Verkehr zu organisieren, das aufzusuchen, was man den international günstigsten Produktionsstandort nennt, so wird er das tun, und mit dieser Möglichkeit wächst seine Chance, an der Differenz zwischen dem Einkaufs- und Verkaufspreis zu gewinnen, ohne den Konsum und die Produktion zu schädigen. Infolgedessen hängt die bestmögliche Gestaltung der Konsumtion in allererster Linie davon ab, ob dem Handel ein Einfluß tatsächlich zusteht, dieses Ideal zu verwirklichen. Zu jeder Zeit wirkt er nicht allein auf die Produktion, sondern ebenso auf den Konsum selbst, indem er durch die Art und Weise, wie er die vorhandenen Fabrikate dem Konsum zur Verfügung stellt, etwa auf dem Wege der Reklame, für eine Steigerung der Konsumtion sorgt. Der Handel kann, wenn er frei gelassen wird, der Produktion unendliche Dienste leisten dadurch, daß er ihr immer neue Absatzgebiete erschließt. Der Handel kann, wenn man ihn frei läßt, tatsächlich beide Teile entscheidend fördern. Er allein vermittelt uns Luxuskonsumtion, die die Mehrzahl der Menschen ohne ihn unter keinen Umständen erreichen könnte. Bevor durch den internationalen Handel die Verkehrsverhältnisse auf der Basis der modernen Technik vollständig verschoben worden sind, ist die Ananas ein selten Ding gewesen. Heute kennt sie jeder. Die Luxuskonsumtion wird gerade durch den Handel sehr stark beeinflußt. Der Ruf Hamburgs, unserer ersten und ältesten deutschen Seehandelsstadt als der Stadt des Luxuskonsums, ist durchaus nicht unbegründet. Mit unseren heutigen veränderten Verkehrsverhältnissen hat der Handel weitergreifen und uns neue Absatzgebiete und neue Zufuhrquellen erschließen können. Auch dann, wenn Not vorliegt, kann der Handel eingreifen, um die Not abzuwenden, oder wenigstens zu mildern. In früheren Zeiten haben wir Hungersnöte gekannt, ja sogar in gar nicht fern von uns liegenden Zeiten; da ist es der Getreidehandel im wesentlichen gewesen, der für das Existenzminimum im kritischen Falle gesorgt hat. Die Konsumenten haben weder daran gedacht, noch etwa die Fähigkeit gehabt, die Absatzmärkte aufzusuchen, die der Handel auch in derartigen Notfällen erschlossen hat. Ebensowenig die Produzenten. Der Handel ist eben ein ganz notwendiges Bindeglied zwischen Produktion und Konsumtion; er ist ein notwendiges Glied in dem Organismus unseres Wirtschaftslebens; er ist nicht allein der alte Kulturträger der Legendenzeit, sondern ist heute tatsächlich der Träger der internationalen Kultur geworden, des internationalen Warenausgleichs.

Und trotzdem haftet dem Handel heute noch die Marke des Schacherns an. Die Hauptorganisation des Handels, besonders des internationalen Handels, die Börse, wird auch heute noch in unseren Tagen mit dem Stigma „Giftbaum“ belegt. Wir haben sogar Organisationen gegen den Handel. Ich denke an den Bund der Landwirte und die ihm affiliierten Verkaufsbetriebe. Wir haben in Preußen sogar einen Minister gehabt, den man den Minister gegen den Handel genannt hat. Warum ist das alles heute der Fall? Weil man den Handel nicht kennt, oder weil man dem Handel nicht traut, und es darf nicht geleugnet werden, daß man mitunter Grund hat, manchem Händler nicht zu trauen.

Wir haben daher neben dem Handel eine Reihe von Bildungen mit der ausgesprochenen Absicht, den Handel zu beseitigen. Man kann das „einen Versuch am untauglichen Objekt“ nennen. Das greift aber eigentlich noch nicht tief genug; denn es ist selbstverständlich, daß, wenn der Handel ein notwendiges Bindeglied des Gesamtorganismus ist, man nicht etwa den Handel ausschalten kann. Man kann nur bestimmte Formen des Handels, man kann eventuell den Kaufmann ausschalten, d. h., man kann Organisationen finden, die den Handel des Kaufmanns beseitigen. Soweit sind wir! Es gibt eine Reihe von Organisationen, die mit Erfolg gearbeitet haben auf dem Wege, den Handel und den Kaufmann aus seiner Rolle, die er eigentlich natürlicherweise spielen sollte und bisher immer gespielt hat, herauszudrängen. Man denke an die Trusts. Deutschland hat sie noch nicht, wenigstens noch nicht in voller Ausgestaltung. Aber wir haben heute in Deutschland schon den überwiegenden Einfluß der Standard Oil Company und der ihr befreundeten anderen Produzenten in Petroleum auf dem Gebiete des Petroleumhandels. Man kann heute davon sprechen, daß der Petroleumhandel in Deutschland durchaus nicht mehr irgendwie selbständig ist, sondern daß er im wesentlichen unter der Herrschaft der Standard Oil Company steht. Trusts sind Gebilde wirtschaftlicher Natur, die die gesamte Produktion vom Rohprodukt über das Halbfabrikat bis zum Fertigfabrikat in der Hand halten und zu gleicher Zeit regelmäßig entweder selbst den Absatz ihrer Produkte vollständig in die Hand genommen haben, oder ihn von ihnen abhängigen Handelsorganisationen, die ihnen untergeordnet sind, zugewiesen haben. Das ist der Fall heute beim Petroleumhandel in Westeuropa. Daneben haben wir andere Organe, unsere Kartelle und Syndikate, Organisationen, die die Produktion zu regulieren versuchen, um den Absatz in die Hand bekommen zu können, oder die mindestens als Verkaufskartelle den Absatz selbständig, unabhängig von den konkurrierenden Händlern, die eventuell zu einer Senkung des Preisniveaus beitragen könnten, regeln und die Preise vom Produzenten aus feststellen. Bei derartigen Syndikaten und Verkaufsverbänden, wie wir sie z. B. in unserem Kohlensyndikat haben, beim Stahlwerksverband und einer Reihe anderer Verbände, bei ihnen liegt ebenfalls eine vollständige Ausschaltung des freien Handels vor; auch sie haben, trotzdem sie nicht die ganze Fabrikation vom Rohstoff bis zum Endprodukt in der Hand halten, den Handel als freien Handel grundsätzlich ausgeschlossen und ihn an bestimmte Preise gebunden, die festgesetzt werden von einer Zentrale. Diese nimmt ihre Macht daher, daß sie die Produktion kontingentiert hat. So haben wir jetzt z. B. Richtpreise des Kohlensyndikats, die vom 15. November 1910 bis zum 15. November 1912 gelten sollen. Das Syndikat hat also heute schon die Richtpreise festgesetzt für die nächsten zwei Jahre. Die Kohlenproduktion ist in Deutschland durch Schutzzölle gesichert, so daß ein Monopol der deutschen Kohlenproduzenten für den größten Teil Deutschlands, nämlich abgesehn von denjenigen Teilen, die englische Kohle kaufen können, besteht. Solche Vereinigungen haben die Macht, die Preise dem deutschen Konsum direkt vorzuschreiben unter Ausschaltung des Handels. Der Grund liegt in der Übermacht der Produzenten, die dadurch entstanden ist, daß sie sich soweit organisiert haben, daß sie selbst ihre Produktion einzuschränken bereit sind, ja sich Gewinnchancen entgehn lassen, um nur die Preise nicht sinken zu lassen. Tatsächlich ist dann, wenn derartige Organisationen der Produzenten vorliegen, der Handel an sich relativ überflüssig. Wenn diese Organisationen so stark sind, daß sie direkt an den Konsum herankommen, sich selbst ihren Absatz in Ordnung bringen, dann ist natürlich der Handel aus seiner natürlichen Funktion verdrängt. Das mag nützlich sein im Interesse der Produktion, aber — und das ist die Kehrseite der Medaille — es ist das absolut gar nicht für die Konsumtion. Denn gerade die Hauptrolle des Handels, die Rolle des ehrlichen Maklers zwischen Produktion und Konsumtion, ist in diesem Falle tatsächlich zu ungunsten der Allgemeinheit ausgeschaltet. Die freie Konkurrenz des Händlers fehlt; aus diesem Grunde fehlt die natürliche Freiheit der Produktion und ihre Anpassung an einen natürlichen Markt, und infolgedessen wird der Konsum geschröpft von der Produzentenvereinigung. Darin liegt das entscheidende Interesse der Allgemeinheit an diesen Handelsfragen, an der Frage, ob ein selbständiger Handel da ist oder nicht.

Neben diesen, ich möchte sagen, gut funktionierenden Organisationen gegen den Handel haben wir aber auch andere Organisationen, die wir nicht vergessen dürfen: Organisationen der Produzenten zum Zwecke der Herausdrängung des Handels, die nicht den Erfolg gehabt haben, wie die eben genannte, sondern den entgegengesetzten, wie ein Teil der Winzergenossenschaften. Solche Versuche, den Handel auszuschalten, haben wir auch noch in allen möglichen anderen Formen. Zu nennen wären die Konsumvereine von Beamten bestimmter Klassen, die Konsumvereine von Werken, die Konsumvereine politischer Natur, wie sie von sozialdemokratischer Seite teilweise durchgeführt sind, die Konsumvereine für Offiziere und höhere Beamte. Der Typus ist ja das Warenhaus für Heer und Marine. Alle verfolgen denselben Zweck, den Zwischenhandel auszuschalten, den Handel, den selbständigen Handel. Der Grund ist hier aber ein ganz anderer, nicht etwa, daß diese Kreise die größere Macht in der Hand hätten, um eben den Handel eliminieren zu können, sondern der Grund ist der, daß der Handel selbst in vielen Kreisen, besonders im Detailhandel, versäumt hat, sich den gesteigerten Bedürfnissen der gesteigerten Lebenshaltung auf der einen Seite und dem quantitativ gesteigerten Bedürfnis der Massen, die wir allmählich in Deutschland bekommen haben, wie das selbstverständlich sein sollte, ordentlich anzupassen. Nur aus diesem Grunde haben wir neben dem Detailhandel die Warenhäuser. Wir behalten aber daneben die guten Spezialgeschäfte. — Wenn sie gut geleitet werden, prosperieren Warenhäuser sowohl wie Spezialgeschäfte, auch gewöhnliche Detailgeschäfte. Alle drei Arten können, je nachdem, wie sie es verstehn, sich ihrem Kundenkreis anzupassen, durchaus nebeneinander, sogar lokal florieren. Aber entscheidend ist, daß sie so geleitet werden, daß sie tatsächlich den Forderungen, die wegen des Bezuges von Produkten seitens der Kundschaft an sie gestellt werden, auch gerecht werden, daß sie sich dem Konsumentenbedürfnis selbst direkt anpassen. Der legitime Handel ist durch Warenhäuser nur da beseitigt worden und energisch gestört worden, wo er selbst nicht ausgereicht hat, wo er nicht die Kraft besessen hat und die Intelligenz, sich selbst zu helfen.

Es gibt Fälle, in denen der Handel tatsächlich mindestens augenblicklich ausgespielt hat. Der Grund dafür liegt teilweise in dem Verhältnis zum Produzenten, teilweise auf der Seite des Verhältnisses zum Konsumenten. Alle Momente zeigen, daß der alte Handel an sich durchaus noch da ist, und daß er sein Feld behalten kann, wenn er sich den Bedürfnissen von Produktion und Konsumtion anzupassen versteht, und um das zu tun, kann er genau dasselbe tun, was alle anderen Kreise tun: er organisiert sich. Und zwar hat sich der Handel früher organisiert, als alle anderen Berufsstände. Hingewiesen wurde schon auf die offiziellen Organisationen, die Handelskammern. Daneben haben wir die freien Organisationen der einzelnen Handelszweige und der freien Organisationen, wie den Bund deutscher Industrieller und viele andere, die zu gleicher Zeit mit industriellen wesentlich kaufmännische Interessen, Handelsinteressen vertreten. Weitere Organe haben wir in unseren Konsulaten, in der Handelsabteilung des Auswärtigen Amts, in den diplomatischen Missionen mit ihren Attachés, die ja bisher allerdings nicht gerade besonders günstige Resultate erzielt haben und mit den neuerdings eingeführten Handelssachverständigen bei den Generalkonsulaten. Von allen diesen Organisationen kann man sagen: sie sind ausgezeichnet dann, wenn sie ihre Pflicht tun, wenn sie so aufgezogen sind, daß sie funktionieren können, wenn man ihnen das Mittel zur Verfügung stellt, daß sie Erfahrungen sammeln können und wenn man sie hört, bevor es zu spät ist. Das aber ist das, was man den heutigen Organisationen des Handels, soweit wie sie nicht freie Vereinigungen sind, soweit wie sie amtlich gespeist werden, vorwerfen muß, daß sie leider nicht das erreichen können, wozu sie an sich geschaffen sind, die Interessen des Handels zu pflegen und zu fördern, weil sie eben nicht die genügenden Informationen rechtzeitig erhalten. Verspätete Informationen sind sinnlos. Nachträglich Informationen geben, das heißt den Brunnen zudecken, nachdem das Kind hineingefallen ist. Also an der Organisation liegt es, wenn die Handelsvertretungen nicht im Interesse des Handels funktionieren. Infolgedessen müssen neben diesen amtlichen Organisationen des Handels heute gefordert und, wo sie nicht bestehn, beschaffen werden, Vereine, die sich von sich aus das Material beschaffen. Denn daran kann gar nicht gezweifelt werden, daß auch ohne die Verwaltung Material über Handelsangelegenheiten tatsächlich zu beschaffen ist, wenn nur die nötigen Geldmittel zur Verfügung gestellt werden, und wenn die nötigen Personen mit der Vertretung der Dinge betraut werden. Das zeigen z. B. die Archive der großen Banken und Bankiers und der Handelshäuser. Infolgedessen sind die freien Vereine neben den offiziellen Vertretungen des Handels heute durchaus nötig, wo eben an den amtlichen Stellen leider noch nicht die Erkenntnis von der Bedeutung des Handels als organisch notwendiges Glied unseres Wirtschaftslebens durchgedrungen ist, wo immer noch das Interesse von Landwirtschaft und Industrie als der Produzenten im Vordergrund steht. Eine große Gefahr liegt allerdings auch bei diesen freien Interessenvertretungen vor, die nämlich, daß, weil sich die Interessen von Handel und Industrie so innig berühren und zugleich so vielfach durchkreuzen, durch ihre enge Verbindung keiner von beiden Teilen zu seinem Recht kommt. Daraus ergibt sich für diese freien Interessenvertretungen ebenso wie für die amtlichen der oft bedenkliche Mangel an Stoßkraft. Denn es gibt viele Fragen, in denen die Interessen von Produzenten und Handel, von Industrie und Handel auseinandergehn: in denen nicht gesagt werden kann, daß die Interessen identisch sind, sondern wo das feine Wort von Fritz Reuter gilt: „Wat den een sin Uhl is, is den andern sin Nachtigal." Wo das der Fall ist, wird die Stoßkraft einer derartigen Organisation durch die Verschiedenheit der Interessen von Industrie und Handel im einzelnen Fall ganz bedeutend geschwächt werden müssen. Das ist Tatsache, und mit dieser Tatsache muß man sich abfinden. Was man aber verlangen kann und wofür man zu streben hat, ist infolgedessen das, daß man versucht, in diesen Kreisen klar zu machen, daß trotz einzelner derartiger Verschiedenheiten der Interessen das überwiegende Interesse doch im Zusammenschluß liegt. Sache der leitenden Organe des Staates muß es bleiben, gegenüber etwaiger Zurücksetzung der allgemeinen Interessen, durch die Interessenvertretungen eben dies Allgemeininteresse zu wahren.

Das Wesen des Handels ist die freie Konkurrenz. Man hat gesagt, die Welt sei sein Feld, und das ist wahr. Das Ziel des Handels ist von jeher gewesen und wird es unter allen Umständen immer bleiben müssen, Handelsfreiheit zu erstreben, nicht Freihandel, das ist etwas ganz anderes. Handelsfreiheit heißt, die Möglichkeit für den Kaufmann, seine Funktion als ehrlicher Makler zwischen Produktion und Konsumtion tatsächlich erfüllen zu können; das kann er nur, wenn er relativ frei gelassen wird, wenn also nicht eine Wirtschaftspolitik eingeführt wird, die ihn direkt verhindert, Fühlung zu nehmen mit dem, was seine Basis sein muß, dem internationalen Verkehr. Eine Wirtschaftspolitik, die die Börse knebelt und ein Land absperrt durch hohe Schutzzölle, ruiniert den selbständigen Handelsstand auf die Dauer. Ohne unsere Schutzzollpolitik wäre die Entwicklung der Produzenten- und Verkaufssyndikate nicht denkbar gewesen. Sie wäre wohl in Ansätzen erfolgt, weil berechtigte Interessen der Produzenten nach dieser Richtung hin vorlagen, aber die jetzt und so schnell erreichte Entwicklung hätte sie nicht nehmen können. Die Frage, ob ein Land sich handelspolitisch frei in den Strom des internationalen Verkehrs stürzt, ist entscheidend für das Wesen und die Erfolge seines Handels. Der Handel kann im Notfall mit jeder Handelspolitik, mit jeder Wirtschaftspolitik leben, solange sie nicht etwa die Absicht hat, ihn zu unterdrücken, solange sie nicht darauf abgestellt ist, ihn in seiner Funktion unmöglich zu machen. England, der handeltreibende Staat wie er im Buche steht, ist bis jetzt der Träger des Freihandelsgedankens wie der Handelsfreiheit gewesen. Bei uns in Deutschland haben wir dagegen eine Entwicklung, die darauf abgestellt ist, den Handel möglichst in seiner Rolle zu beschränken. Wir brauchen nur auf das Beispiel der Börsengesetzgebung zu sehn, wir brauchen uns nur die einzelnen Phasen der Börsengesetzgebung klarzumachen, um zu sehn, daß immer wieder das Mißtrauen gegen den Handel als solchen, besonders in seiner Form als Börsenhandel, die Feder geführt hat, um Gesetze, wie man sagt, im Interesse der Allgemeinheit, gegen den Handel zu machen. Wir haben heute das dringende Bedürfnis, diese Entwicklung nicht weiter fortschreiten zu lassen; denn unsere Abhängigkeit von internationalen Verkehrs- und Wirtschaftsverhältnissen wird, mögen wir nun wollen oder nicht, an jedem Tage mit dem Anwachsen unserer Bevölkerung immer größer. Wir haben infolgedessen alle Veranlassung, besonders unsere Börsengesetzgebung sich nicht weiter restriktiv entwickeln zu lassen. Wir haben aber die Tatsache, daß auf allen diesen Gebieten immer wieder neue Versuche gemacht werden. Es fragt sich, was soll nun in diesem Fall der Handel tun, um zu versuchen, sich diesen Umstrickungen zu entziehn? Der Handel muß sich unbedingt den heutigen internationalen Verhältnissen anpassen. Unser Großhandel, unser Exporthandel hat das getan. Er hat Umbildungen vorgenommen, die ihm notwendig waren. Ein Moment sind auf diesem Gebiete die Zahlungsmethoden. Früher, in der Zeit, als alles mit barem Gelde bezahlt wurde, zahlte der,

der überhaupt zahlen konnte, jedenfalls bar, und wer nicht bar zahlen konnte, war zweifellos ein minderwertiger Kunde. Barzahlung ist heute durchaus nicht mehr das Übliche, im Gegenteil, die Zahlung nach recht langen Zeiten ist im Geschäftsleben die Regel. Gezahlt wird auch nicht mehr mit barem Gelde; relativ verschwindend im Vergleich zu den Gesamtumsätzen ist der Betrag, der mit barem Gelde gezahlt wird. Zahlungssurrogate: Wechsel, Anweisungen, Schecks sind an die Stelle getreten. Der Verkehr der Großbanken wickelt sich überhaupt fast nur noch im Wege des Abrechnungsverkehrs ab. Diesen Entwicklungen ist der Großhandel vollständig nachgekommen, indem er sich die Möglichkeiten des modernen Verkehrs zu eigen gemacht hat. Der Mittelstand, speziell im Handel, aber auch im Handwerk, ist diesen Weg nicht ohne weiteres gegangen, sondern hat zuweilen die Methode der Kreditierung der Außenstände verwandt. Er hat gewartet, bis man ihm kam. Und heute, nachdem die Sache soweit gekommen ist, daß vielfach nicht gezahlt wird, daß große Summen ausstehn bleiben, wird geklagt über das Darlehnsunwesen im mittleren und kleinen Handwerkerstande, und man sucht nach Einrichtungen, um der Kreditnot des Mittelstandes vorzubeugen, weil man glaubt, daß da der Punkt läge, an dem man den Mittelstand helfen kann. Die Kreditnot ist nicht das Primäre, nicht, daß der Mittelstand nicht genügend Kredit erhalte, sondern, daß er zuviel Kredit gibt; daß er Zahlungsmethoden sich hat einbürgern lassen, die ihm nicht erlauben, sein Guthaben zu realisieren. Darin liegt der Kernpunkt dieser Frage. Infolgedessen bleibt für den Mittelstand selbstverständlich nur ein rationelles Mittel übrig; seine Kunden zu prompter Zahlung zu erziehen. Nämlich dadurch, daß auch er seine Zahlungen an die Banken anschließt, daß er die Bank für sich die Zahlungen in Empfang nehmen läßt. Weil der Großhandel seine regelmäßige Bankverbindung, weil die betreffende Bank, wenigstens soll es so sein, immer völlig über die geschäftliche Lage ihres Kunden orientiert ist, hat er regelmäßig auch Kredit. Die Vorteile der Bankverbindung liegen zugleich in der Erleichterung des Zahlungsverkehrs und der Verbesserung der Kreditfähigkeit des Unternehmens. Ähnliches kann auch der Mittelstand durch Überweisung seines Zahlungsverkehrs an eine Bank erringen. — Dann ist unter bestimmten Voraussetzungen eine Bank geeignet und geneigt, ihm zu helfen und ihm zu seinen ausstehenden Forderungen zu verhelfen. Mehrere Formen kommen in Betracht, z. B. die Beleihung von Buchforderungen, das beliebte Schlagwort von heute. Was heißt das? Der betreffende Kaufmann irgend welcher Art, er mag auch ein Handwerker sein, der zugleich Kaufmann ist, das sind ja doch heute die meisten Handwerker, geht zur Bank hin, gibt ihr die Mitteilung, er habe so und so viele Außenstände und bittet um Eröffnung eines Kredits auf seine Buchforderungen. Die Antwort der Bank wird meistens sein: „Ich bedauere!“ Und mit Recht, es sei denn etwa, daß der Betreffende völlig klare, fällige Buchforderungen vorzeigen kann, aus denen die Bank ersehen kann, die und die fälligen oder bald fällig werdenden Forderungen sind es, um die es sich handelt. Die Bank wird dann aber die Buchhaltung kontrollieren wollen und müssen. Man kann vielleicht davon sprechen, daß auf diesem Wege eine neue Abhängigkeit des Mittelstandes vom Kapital herauskommt. Aber das ist nur scheinbar. Die Hilfe, die die Bankverbindung dem Mittelstand bietet, ist mehr wert, als die Hilfen, die ihm bisher zur Verfügung standen. Es ist nicht wahr, daß der Mittelstand bis zum Auftauchen des Problems der Beleihung der Buchforderungen keinen Kredit genossen habe. Seine Lieferanten sind auch seine Kreditgeber gewesen, besonders die Verkäufer der Rohstoffe. Wenn er deren Kreditgewährung gegen die der Banken eintauscht, reiht er sich ein in die Klasse der moderneren, fortgeschritteneren Erwerbskreise. Und soweit die Kreditnöte des kleinen und mittleren Handelsstandes auf falschem Kreditgeben beruhen, sichert ihn überhaupt erst der enge Anschluß an die Bank gegen eigenen Unverstand. Es ist und bleibt für weite Kreise das einfachste, seine Forderungen bei einer Bank zahlbar zu machen und der Bank das Recht zu geben, diese Forderungen einziehn zu können. Die Möglichkeit dazu ist gegeben, indem man einen Wechsel auf den betreffenden Kunden, der einem schuldet, zieht, und diesen Wechsel der Bank zur Einziehung übergibt. Diese Methode wird von vielen Leuten als unmöglich verschrien. Es gibt aber Beweise dafür, daß sie sehr wohl anwendbar ist. In Frankreich ist es die allein übliche Methode der Realisierung von Forderungen von kleinen Lieferanten des Handwerkerstandes, des Mittelstandes, des Pariser Kaufmannstandes gegenüber seinen Kunden. Der Beweis für die Richtigkeit dieser in Deutschland bisher kaum vertretenen Auffassung liegt darin: Die Bank von Frankreich hat im Jahre ungefähr 13—14 Millionen Stück Wechsel, die je einen Nennbetrag unter 100 Fr. haben, das sind insgesamt 55% der Gesamtzahl der Wechsel, die von der Bank von Frankreich angekauft oder von ihr zur Einzahlung übernommen werden. Zirka 55% der Gesamtzahl der Wechsel kommen auf Wechsel unter je 100 Fr. und der größere Teil davon wieder auf Wechsel unter je 50 Fr. Bei uns, bei der Reichsbank, haben wir insgesamt etwa 700000 Stück Wechsel unter 100 M. Nennbetrag, das sind ungefähr 14% der Gesamtzahl der Wechsel, die bei der Reichsbank eingehn. Dabei wird sowohl in Frankreich wie im Deutschen Reiche bei der Reichsbank ein Betrag von ungefähr 10 Milliarden Mark umgesetzt. In Deutschland ist der durchschnittliche Betrag der einzelnen Wechsel ungefähr $4^1/_2$ mal so groß wie in Frankreich und die Gesamtzahl der Wechsel beträgt ungefähr $^1/_5$ der französischen. Das beruht ausschließlich darauf, daß der französische Mittelstand seine sämtlichen Forderungen gegenüber seinen Kunden durch Wechselziehung realisiert und die Wechsel durch die Bank präsentieren läßt. Man kann nur empfehlen, daß von der immerhin nicht unbedenklichen Methode der Beleihung der

Buchforderungen nur in seltenen Fällen Gebrauch gemacht wird. Aber die Möglichkeit einer Abänderung unserer Zahlungssitten und damit eine Abänderung unserer Kreditnot im Mittelstande ist zweifellos heute gegeben.

Auf handelspolitische Verhältnisse soll hier nur ganz kurz eingegangen werden. Sie sind dadurch sehr bedenklich geworden, daß Deutschland sich am 25. Dezember 1902 einen neuen Panzer geschmiedet hat, in dem wir mit bewaffneter Faust der ganzen Welt entgegentreten wollen, um mit ihr Geschäfte zu machen. Es hat sich gezeigt — das ist heute von Sachverständigen durchaus zugegeben —, daß die handelspolitische Rüstung, die wir angelegt haben, uns den Abschluß von Handelsverträgen auch mit denjenigen Staaten, mit denen wir bisher in handelsvertraglicher Verbindung gestanden haben, durchaus nicht leichter macht, sondern im Gegenteil erschwert. Wir haben den ersten Versuch dazu mit den Vereinigten Staaten und Kanada gemacht. Wir haben mit Schweden einen günstigen Handelsvertrag besessen, den wir allerdings kurzfristig, nämlich bis 1912 abgeschlossen haben. Inzwischen ist in Schweden eine ganz andere Welt entstanden, kann man sagen. Der schwedische Eisenerzbau ist durch die Möglichkeit der elektrischen Stahlgewinnung in ein ganz neues Stadium gelangt. Solange Schweden Erze absolut exportieren mußte, um sie überhaupt nutzen zu können, war Schweden industriell für Deutschland durchaus nicht ein Exportstaat, sondern ein Importstaat. Die Möglichkeit der elektrischen Stahlgewinnung und die Möglichkeit der Verwendung der unendlichen Wasserkräfte des Landes, die es gestatten, eine Industrie auf elektrischer Basis ganz neu zu entwickeln, führte Schweden uns gegenüber zu durchaus anderen Gesichtspunkten im Abschluß eines Handelsvertrages, als das bisher der Fall ist. Wie der neue Handelsvertrag aussehen wird, ist natürlich heute nicht zu sagen.

Unsere Verhältnisse zu den übrigen auswärtigen Ländern sind in allerhöchstem Maße gefährdet, aber trotzdem lassen sich heute Momente entdecken, daß den Bedürfnissen des Handelsstandes Rechnung getragen wird, und daß sich in den maßgebenden Kreisen neue Gesichtspunkte entwickeln, die es wahrscheinlich erscheinen lassen, daß eine Wendung unserer Abschlußpolitik eintreten wird. Das Entscheidende ist in diesem Fall in dem plötzlichen Entschluß von Kanada zu sehn, mit den Vereinigten Staaten in eine wirtschaftspolitische Einigung einzutreten, die an Schwergewicht alles das in Schatten stellen würde, was bisher auf der Welt vorhanden gewesen ist.*) Die Macht der wirtschaftlichen Verhältnisse hat Kanada dazu gebracht, ohne Rücksicht auf das Mutterland England, mit den Vereinigten Staaten, dem Nachbarlande, vorzügliche Beziehungen anzuknüpfen auf Grund gegenseitiger Interessenkonzessionen. Heute liegt sogar die Wahrscheinlichkeit vor, daß, nachdem die Vereinigten Staaten gegenüber Kanada derartige Konzessionen gemacht haben, auch Deutschland als dem wichtigsten Kunden der Vereinigten Staaten ähnliche Konzessionen eingeräumt werden könnten, unter der Bedingung allerdings, daß wir nicht mit Panzer und Schwert erscheinen. Solange das der Fall ist, werden wir wahrscheinlich eine weitere Zurückdrängung des Handels in Deutschland erleben, so daß der Produzent bei uns die wichtigsten Teile des Absatzes organisiert, zum Nachteil der Allgemeinheit. Die Beteiligung der Rohstoffproduktion an der Regelung des Absatzes ist bei uns in Deutschland schon sehr weit vorgeschritten.

Der Handel ist der Freund und Vermittler der Produktion und nicht der Gegner der Landwirtschaft — davon ist gar keine Rede — ebensowenig der Industrie, trotzdem Interessengegensätze zwischen ihnen vorhanden sind. Er ist da, um die Produzenten mit den Konsumenten zusammenzuführen. Er soll die Funktion haben, die Wirtschaft zu organisieren, deswegen, weil er weder ein reines

*) Die Annäherung ist in letzter Stunde doch unterblieben.

Produzenten-, noch ein Konsumenteninteresse hat. Natürlich will und muß der Handel verdienen an der Differenz zwischen seinem Einkaufs- und seinem Verkaufspreis. Aber er trägt dafür auch das Risiko, das von der Beendigung der Produktion bis zum Beginn der Konsumtion und oft noch länger läuft. Wie auch nun sich die weitere Entwicklung in Deutschland vollziehn möge, ob die Form des Handels wechselt, ist ganz einerlei; der Handel wird bleiben, weil er bleiben muß als wichtiges Organ innerhalb unseres gesamten wirtschaftlichen Lebens. Solange er seine organisatorische Rolle spielen kann, solange wird er leben und wird nützlich sein. Es muß erst der Beweis geführt werden, daß er das nicht kann; dann kann man auch über den Handel zur Tagesordnung übergehen, vorher wäre das ein Verbrechen an der deutschen Volkswirtschaft.

VI. Über Entstehung und Entwicklung der Verfassung in Preußen und im Deutschen Reich.

Alle die bisher besprochenen wirtschaftlichen Fragen, haben zu gleicher Zeit sehr starke politische Seiten. Denn in der Praxis sind wirtschaftliche Fragen in einem Rechtsstaate nur durch politische Lösung zu irgend einer definitiven Entscheidung zu bringen. Wenn drei Leute beisammen sind und über Politik sprechen, so pflegen sie bekanntlich, wenn sie nicht demselben Verein angehören, verschiedener politischer Meinung zu sein. Das liegt in erster Linie daran, daß die Meinungen über Politik in der Hauptsache Resultat einer Weltanschauung sind. Grundlegend für die politische Stellungnahme im einzelnen Fall ist ganz regelmäßig die Weltanschauung, die jemand hat, wenn er überhaupt eine hat. Ob jemand konservativ oder liberal oder sozialistisch denkt, wird ganz wesentlich darauf ankommen, wie er die übrigen Dinge des Lebens, abgesehn von den wirtschaftlichen, beurteilt. Konservative Weltanschauung geht zurück auf eine gewisse autoritative Gebundenheit, auf die Grundanschauung, daß die Welt bestimmt ist, durch — wie der jetzige Reichskanzler es genannt hat —: „Gottgewollte Abhängigkeit." Und das Gegenstück, die liberale Weltanschauung beruht im wesentlichen darauf, daß der einzelne sich als Individuum, wenn auch hineingestellt in eine große Masse, unabhängig in seinem Denken und Glauben fühlt.

Solche Weltanschauung kann man erwerben, und man kann in sie hineingeboren werden. Es darf gar nicht bezweifelt werden, daß die politische Weltanschauung des einzelnen in sehr vielen Stücken und man könnte sagen in den meisten Fällen abhängig davon ist, in welches Milieu der einzelne hineingeboren ist. Die Umgebung, in der er aufwächst, pflegt seine Weltanschauung gerade nach dieser Richtung hin entscheidend zu beeinflussen. Der größte Teil der Menschen, der nicht zu selbständigem politischen Denken gelangt, der sich keine eigene politische Weltanschauung erworben hat, pflegt bei der anerzogenen zu bleiben. Daher pflegen die Kinder auch parteipolitisch in die Fußtapfen der Eltern zu treten und sich bei dieser Weltanschauung, in die sie hineingeboren sind, zu beruhigen. Anders bei dem, der die politischen Dinge bis zu ihrer Erkenntnis in sich ausreifen läßt, bis ihm klar wird, daß es — um auf unser Einzelgebiet einzugehen — Zusammenhänge gibt zwischen dem wirtschaftlichen und dem politischen Leben; Machtzusammenhänge, die es ermöglichen oder versagen, die Ideale der ererbten Weltanschauung des einzelnen zu erfüllen, das, was ist, politisch zu konservieren oder Bestehendes zu beseitigen und andere Ideale an deren Stelle zu setzen. Sobald diese politische Erkenntnis einmal erarbeiteter Besitz geworden ist, folgt aus ihr der Wille zur Tat, das Streben nach Macht; entweder mit der Tendenz, das, was vorhanden ist, zu konservieren oder das, was vorhanden ist, politisch umzubilden im Sinne eben der erworbenen Weltanschauung des Einzelnen. Bei der normalen anthropozentrischen, egoistischen Auffassung des Lebens haben wir ganz allgemein im politischen Leben im Zusammenhang mit den wirtschaftlichen Interessengegensätzen den Kampf. Aus den wirtschaftlichen und Weltanschauungsgegensätzen werden politische Kampfmomente. Wir können infolgedessen politisch niemals innerhalb eines großen Ganzen den Frieden haben, sondern das Reguläre ist politisch der Kampf. Er ist die Seele des politischen Lebens überhaupt.

Der heutige politische Kampf hat nun zwei Ziele, einerseits Festhaltung der politischen Macht seitens derer, die im Besitze der Macht sind, und Streben nach Erwerbung der politischen Macht seitens derer, die nicht im Besitze der Macht sind; und andererseits die Erkenntnis, daß die wirtschaftlichen Ideale des einzelnen nur durchgeführt werden können dadurch, daß man den Ablauf des politischen Lebens im Hinblick auf sie beeinflußt. Wie man wirtschaftliches Leben in den Dienst des politischen stellt, so das politische in den Dienst des wirtschaftlichen Lebens. Die Methode dafür ist im Rechtsstaat einmal die Besetzung der politischen Ämter durch Parteizugehörige; dann aber das Streben, durch diese politische Macht auf die Wirtschaftspolitik Einfluß auszuüben, speziell auf die Zoll- und Steuerpolitik als diejenige, die imstande ist, das Volkseinkommen zu verteilen unter die einzelnen und dadurch eine bestimmte soziale Klassenbildung dauernd herbeizuführen. Schließlich handelt es sich dann bei solcher Regelung des wirtschaftlichen Lebens um die grundsätzliche Beeinflussung der Produktion in allen ihren Zweigen, um die Beeinflussung der Verteilung der Produktion und um die Vernachlässigung der Konsumenten. Mag der Konsument für sich sorgen. Die Interessen, die wahrgenommen werden, liegen regelmäßig, soweit sie politischen Ausdruck finden, auf dem Gebiete von Produktion und Distribution des Volkseinkommens. Das ist von jeher so gewesen. Wenn wir die französische Revolution ansehn, das Zeitalter der Aufklärung, die napoleonische Periode und die Zeit nach den Freiheitskriegen — in allen Perioden finden wir immer den Versuch, die vorhandenen wirtschaftlichen und politischen Situationen entweder zu retten — das haben die geborenen Konservativen und Legitimisten stets tun wollen und tun es heute noch —, und demgegenüber der Drang der Oppositionsparteien, selbst ans Ruder zu gelangen und von sich aus den Ablauf der wirtschaftlichen und politischen Erscheinungen tief zu beeinflussen. Das Legitimitätsprinzip ist die Seele der konservativen Partei und konservativen Lebens, konservativ politischer Weltanschauung.

Jede Periode des vorwiegenden Legitimismus pflegt auch zu gleicher Zeit eine Periode der Romantik zu sein, was man noch heute in den in Betracht kommenden Kreisen sehn kann. Der konservativen Partei gegenüber steht die andere, die mit der Autorität von gestern und dem blinden Glauben aufräumen will, um das moderne Leben, natürliches Wachstum, wirtschaftliche und politische Erneuerung an die Stelle des Alten zu setzen. Zum Begriff der romantischen, konservativen Weltanschauung gehört und gehörte von jeher der Untertan, und zum Begriffe der Opposition gegenüber Romantik und konservativer Anschauung gehört unbedingt der Verzicht auf absolute Autorität im Staatsleben und der Begriff des Staatsbürgers als des Gleichberechtigten im gemeinsamen politischen Organismus. Die Entwicklung zum Staatsbürgertum gegenüber der Tatsache, daß am Anfang des 19. Jahrhunderts der Untertan die Massen der Bevölkerung darstellte, ist eigentlich der wesentliche Inhalt der ganzen politischen Entwicklung.

Preußen war eine absolute Monarchie, seitdem das Königtum zur Durchführung gelangt war, seitdem der Staat von ihm, dem absoluten König, aus den Fesseln des mittelalterlichen Ständestaats befreit war. Der König ist im Sinne des alten Preußens, der Königszeit bis an den Anfang des 19. Jahrhundert, der alleinige Repräsentant des Staates. Infolgedessen konnte eine Verfassungsbewegung formal von niemand weiter ausgehn, als vom König selbst, und so ist es geschehn. König Friedrich Wilhelm III. hat in dem Edikt vom 27. Oktober 1810 den Provinzialständen, die damals im größten Teile der Monarchie vorhanden waren, das Versprechen gegeben, eine zweckmäßig eingerichtete Repräsentation zu schaffen, und er hat von sich aus, interimistisch, aus königlicher Machtbefugnis, diese Stände zu einer Repräsentation im Winter 1810 auf 1811 nach Berlin zusammenberufen. Preußen ist dann soweit gegangen, bei den Verhandlungen des Wiener Kongresses 1815, nachdem die Verhandlungen mit den treuen Ständen nicht zu einer Einigung über den Inhalt der neuen Verfassung geführt hatten, den Gedanken zu vertreten, den Völkern der im damaligen deutschen Bunde vereinten deutschen Staaten eine Verfassung aufzuoktroyieren, eine ständische Verfassung, eine landständische Verfassung, die nach Provinzen gesondert, aber durch Repräsentanten zusammengefaßt, nun tatsächlich eine Gesamtrepräsentation des Landes, der Untertanen darstellen sollten. Am 22. Mai 1815 hat der König diesem Gedanken für sein Preußen auch ohne weiteres in einem Reskript Ausdruck gegeben, indem er erklärt hat, er wolle nun eine preußische Verfassung geben. Diese Repräsentation ist aber niemals geschaffen worden. Dagegen sind die alten Provinzialstände wieder neu aufgelebt durch die Edikte vom 5. Juni und 1. Juli 1823 und vom 27. März 1824. Sie sollten zur Beratung, nicht zum Beschluß dienen. All das ging schon gegen den Willen der Konservativen, gegen den Willen der Kreise, die dem Throne nahestanden. Es handelte sich da um den Kampf der legitimistischen Anschauung gegen alles, was als Rest der als sündhaft stigmatisierten Aufklärungsperiode und der Revolution bezeichnet wurde. Man braucht nur an die Verfolgung der Burschenschaften, die Durchführung der Karlsbader Beschlüsse zu erinnern; wir haben die erste politische Unterdrückungsperiode Preußens, die erste des 19. Jahrhunderts, vor uns. Die Stände selbst aber waren, fußend auf dem Reskript vom 22. Mai 1815, nicht gewillt, auf die Dauer sich beseitigen zu lassen von den Provinzialständen, sondern das Begehren nach der Verfassung griff weiter um sich. Infolgedessen haben am 7. September 1840 die Stände von Ost- und Westpreußen eine Denkschrift an den König gerichtet, indem sie eine wirkliche Verfassung gefordert haben, selbstverständlich in der Form der Bitte. Am 4. Oktober 1840 hat aber Friedrich Wilhelm IV. in einer Kabinettsorder erklärt, daß diese Forderung seiner ost- und westpreußischen Stände auf Grund der Order vom Mai 1815 auf einem Irrtum ihrerseits beruhe; ein Versprechen, eine Verfassung einzuführen, sei überhaupt nicht gegeben worden; es handelt sich um eine falsche Auslegung der königlichen Kabinettsorder. Man schwieg, und vielleicht wäre es noch lange bei diesem Verharren im Schweigen geblieben, wäre nicht der Entschluß gefaßt worden, den Provinzialständen das Licht der Öffentlichkeit zu gewähren. Die aufkommende Presse hat sich dieser Situation bemächtigt, und von diesem Moment an finden wir in der Tages- und Zeitschriftenliteratur die erste Beteiligung weiter Kreise der Bevölkerung an den politischen Fragen in Preußen.

Am 12. Oktober 1842 sind dann die ständischen Provinzialausschüsse in Berlin aus allen Provinzen zusammenberufen worden, und im Jahre 1847 hat der König von Preußen das sog. Patent für die Berufung des vereinigten Landtags gegeben, d. h. dieser vereinigte Landtag sollte nur in Ausnahmefällen einmal zusammentreten. Er sollte gebildet werden aus Delegierten der einzelnen Provinzialstände. In diese Entwicklung ist die liberale Entwicklung Belgiens, Frankreichs und Englands hineingeschlagen. 1848 kam es zur Revolution in Preußen. Der Druck der französischen Revolution von 1848, der Februarrevolution, hat damals den König bewogen, den Landtag als solchen in besonderer Form als dauerndes Organ des Staates einzuführen, d. h. die Ständigkeit der vereinigten Ausschüsse der Provinzialstände anzuerkennen. Am 6. März 1848 erfolgte dann die Verleihung der Periodizität an den vereinigten Landtag unter dem Druck der französischen Februarrevolution. Die Berliner Märzrevolution brachte am 8. April die Verordnung über einige Grundlagen der künftigen Verfassung, besonders das künftige Wahlgesetz, auf der die preußische Nationalversammlung und der dieser vorgelegte Verfassungsentwurf beruhte. Am 22. Mai 1848 ist dann der Verfassungsentwurf dem Landtag vorgelegt. Der in Brandenburg versammelte Landtag wurde wieder vertagt und kam zu keinem Beschluß, und am 5. Dezember 1848 ist die Nationalversammlung, so nannte man damals die preußische Versammlung mehrfach, aufgelöst und

Preußen nach dem Erlaß des neuen Wahlgesetzes vom 30. Mai 1849 ohne Mitwirkung der Nationalversammlung auf Grund neuer Kammerwahlen am 31. Januar 1851 die heutige preußische Verfassung vom König aufoktroyiert worden. Sie trägt auch heute noch infolgedessen den Namen „aufoktroyierte Verfassung" mit Recht.

Seit dieser Zeit sind in der preußischen Verfassung so gut wie gar keine wesentlichen Abänderungen wieder vorgenommen. Die Grundlagen von damals, die Grundlagen von 1850, als die Verfassung in Kraft trat, sind formal dieselben wie noch heute. Wesentliche Abänderungen sind nur dadurch eingetreten, daß wir mittlerweile ein Deutsches Reich bekommen haben, in dem Preußen ein Bundesstaat ist, und einzelne Abänderungen sind unter anderem durch die Landgemeindeordnung für die östlichen Provinzen von 1891 und durch die neue Kreisordnung von 1872 eingeführt worden. Also wir haben eine Entwicklung vor uns, die nach langem Drängen in Preußen dazu geführt hat, daß der König Preußen eine Verfassung oktroyiert hat, und daß dann diese Verfassung fortan 60 Jahre lang in ihrem Bestande fast unversehrt geblieben ist. Dabei hatte, als die Verfassung oktroyiert wurde, Preußen eine Bevölkerung von 21320000 Einwohnern. Wir haben 1910 auf dem heutigen Areal, inklusive der Annexionen von 1864 und 1866, eine Bevölkerungsziffer von 40156000 Menschen. Das bedeutet eine jährliche Bevölkerungszunahme von 1,12—1,13% durchschnittlich. Dabei aber haben wir die sehr merkwürdige Erscheinung, daß diese Bevölkerungszunahme sich durchaus nicht gleichmäßig auf alle Teile der Monarchie bezieht, sondern daß wir die enorme Abwanderung aus den ostelbischen Provinzen Ostpreußen, Pommern, Posen und Schlesien hatten, von der schon früher gesprochen ist; insgesamt beträgt sie in der Periode von 1840—1905 2692000 Köpfe. Diesem Verlust aus den östlichen Provinzen steht gegenüber für die westlichen Provinzen ein Bevölkerungszuwachs in derselben Periode von 0,13 bis 0,65% in agrarischen, von 1,37—1,50% in den industriellen

Bezirken Preußens und von 2,61% für Berlin. Wir haben in dieser Periode in Preußen den Schritt getan vom überwiegenden Agrarstaat zum überwiegenden Industriestaat. Wir haben in Preußen 1907 nach der letzten Berufs- und Betriebszählung ungefähr 56,16% Berufszugehörige in Handel und Industrie (42,75% Industrie, 13,41% Handel) und 28,65% in den landwirtschaftlichen Berufsgruppen. Was bedeutet unter diesen Umständen die Beibehaltung der preußischen Verfassung mit ihrer Wahlkreiseinteilung und der im wesentlichen gleichgebliebenen Zahl ihrer Abgeordneten? Nichts weiter wie die Konservierung gänzlich antiquierter, inzwischen vollkommen verschobener Zustände, und zwar in der Richtung, daß das, was vor 50 Jahren gerecht war, nämlich eine nach Personenzahl gleichmäßig über das Land verteilte Repräsentation, gewährleistet durch die Verfassung und gleichmäßig verteilt auf die verschiedenen Gegenden des Landes, daß diese heute zu einem schreienden Unrecht geworden ist; zu einem Unrecht insofern, als die in den ostelbischen Wahlkreisen vorhandenen Majoritäten nach Maßgabe der geltenden preußischen Verfassung ein sehr viel schwerer wiegendes Wahlrecht besitzen als der Bürger der westlichen Provinzen. Die Bürger der agrarischen Landesteile haben ein höheres Wahlrecht als die der industriellen. Diese Verfassung ist eine konstitutionelle Monarchie mit erblichem Königtum, d. h. der König ist durch nichts beschränkt als durch den Inhalt der Verfassungsurkunde und durch die dort vorgesehene Mitwirkung der in der Verfassungsurkunde festgelegten Organe des Staates, der beiden Häuser des Landtages, die neben ihm zur Mitwirkung bei der Leitung des Staates und den staatlichen Entscheidungen berufen sind. Die Vorrechte des Königs sind im Artikel 43 der Verfassung festgelegt. Dort ist sein Verhältnis zu den Ministern behandelt; ihm gebührt die vollziehende Gewalt, der Oberbefehl des Heeres; die Besetzung der Stellen im Heere; die Kriegs- und Friedenserklärung; die Möglichkeit der Begnadigung und der

Strafmilderung; die Kammerberufung und Vertagung; die Verleihung von Orden und Ehrenzeichen. Wir haben daneben das Herrenhaus, in dem der befestigte Grundbesitz, eine große Zahl von aus königlichem Vertrauen Berufenen, die Oberbürgermeister von Städten, die auf Präsentation vom König berufen werden, ihren Platz finden. Dieses Herrenhaus hat die Aufgabe, jedes Gesetz, das vom Abgeordnetenhause verabschiedet ist, mit zu genehmigen oder im ganzen zu verwerfen. Gesetze können nur zustandekommen durch Übereinkommen des Willens des Abgeordnetenhauses, des Herrenhauses und des Königs. Das Abgeordnetenhaus soll als Organ dienen, das den Willen der breiten Masse der Bevölkerung zum Ausdruck bringen soll.

Die Verwaltung Preußens erfolgt durch Staatsrat und Staatsministerium, in den Provinzen durch die Oberpräsidenten, denen zur Seite stehen die Provinzialräte und die Provinzialbehörden: der Provinziallandtag, Provinzialausschuß, der Landesdirektor oder Landeshauptmann. Speziell Provinziallandtag und Provinzialausschuß beschließen in Kommunalangelegenheiten. Unter den Oberpräsidenten stehen die Regierungen, neben ihnen steht als Verwaltungsgericht der Bezirksausschuß. Unter der Regierung stehen die Kreise, die vom Landrat verwaltet werden; neben diesem wieder der Kreisausschuß, die Kreistage und untergeordnet die Amtsvorsteher, in Posen die Distriktskommissare; unter den Kreisen und neben den Kreisen die größeren und kleineren Kommunen, die Städte, die durch Magistratsverfassung eine Vertretung erhalten haben; ihre Organe sind Magistrat und Stadtverordnetenversammlung. Daneben gibt es in den Großstädten, bei denen die Regierung als solche den Kommunen die Vertretung der Polizeisachen abgenommen hat, den Polizeipräsidenten. Dann kommen noch die Landgemeinden in Betracht, die geleitet werden durch Gemeindevorsteher oder Schulzen mit Schöffen und Gemeindeverordneten. Wir haben eine Verwaltung, die bis zum Landrat hinunter durchaus zentralistisch aufgebaut ist, weil alle Ernennungen durch die Zentrale erfolgen. Beim Landrat aber macht die preußische Verfassung und die Verwaltungspraxis einen scharfen Schnitt, und zwar man kann sagen, von Jahr zu Jahr intensiver, indem der Landrat so gut wie unbeeinflußbar ist von der ihm zunächst übergeordneten Instanz. Das wird bewirkt dadurch, daß der Landrat als solcher zwar staatliches Organ ist, daneben aber zu gleicher Zeit auch Organ der Selbstverwaltung. Er wird allerdings vom König ernannt, er wird aber, soweit angesessene Personen in Betracht kommen, als Kandidat von den Kreisen selbst präsentiert und regelmäßig dann vom König bestätigt. Ein Landrat ohne Rückhalt in der Selbstverwaltung ist undenkbar. Ein Landrat, der sich auf die Kreise der Selbstverwaltung stützt, ist von der Regierung so gut wie vollständig unabhängig, und zwar besonders deswegen, weil er in sich zwei Momente vereinigt: die pflichtmäßige Wahrnehmung der Interessen des Staates als Staatsbeamter und die Wahrnehmung der lokalen, oft denen der Allgemeinheit entgegengesetzten Interessen seiner Kreiseingesessenen. Die Stelle des Landrats in Preußen, die nur ganz bestimmten Schichten zugänglich ist, ist heute vollständig selbständig geworden, ganz besonders daher, weil dem Landrat nicht allein die Entscheidung der sämtlichen unter ihm sich ereignenden Verwaltungsfälle zusteht, sondern er auch zu gleicher Zeit in erster Instanz der Träger der Verwaltungsgerichtsbarkeit ist; er fungiert also häufig als Richter in eigener Sache, er urteilt in erster Instanz über seine eigenen Verfügungen und über die der ihm nachgeordneten unteren Behörden. Hinzu kommt, daß seit den 80er Jahren die sämtlichen Ausführungsverordnungen für die Reichsgesetze durch den Reichstag und den Bundesrat meistens den mittleren Verwaltungsbehörden zugewiesen sind; ebenso wie sie schon seit langer Zeit durch das Abgeordnetenhaus und Herrenhaus für Preußen ihnen zugewiesen werden. Da die tatsächlich im Gebrauch befindlichen Verordnungen jedoch regelmäßig in Preußen vom

Landrat ausgehen, sind infolgedessen die Ausführungsbestimmungen fast aller Gesetze in die Hand dieser untersten Instanz gelegt, des Landratsamts in Preußen, das zu gleicher Zeit Regierungsgewalt, Selbstverwaltungsträger, Beamter der Verwaltung und Richter in eigener Sache in erster Instanz im Streitverfahren ist. Bei dieser Situation ist die Entscheidung der Frage wichtig, ob gegenüber dieser Zentralgewalt, die bis zum Landrat hinabreicht und dort Halt macht, und unter sich nur noch den Landrat fast allmächtig stehen läßt: „Ist eine Instanz da, die gegenüber diesem organisierten Willen der Lokalinstanz den Willen der Allgemeinheit noch zum Ausdruck bringen kann? Dem Sinne der Verfassung nach soll diese Instanz das Abgeordnetenhaus sein.

Die Wahl zum Abgeordnetenhause erfolgt öffentlich, nicht durch geheime Stimmenabgabe, ist also in gewissem Sinne der Kenntnisnahme aller Beteiligten überliefert. Sie erfolgt nicht direkt, sondern indirekt, indem die Urwähler Wahlmänner wählen und die Wahlmänner erst wieder in öffentlicher Wahl die Abgeordneten wählen. Und nicht jeder Preuße hat das Wahlrecht, sondern die Preußen haben je nach der Veranlagung zur Einkommensteuer ein plutokratisches Wahlrecht, ein Wahlrecht, das innerhalb seines Bezirks jedem höher Besteuerten ein höheres Wahlrecht zusichert als der großen Masse der weniger Besitzenden. Ursprünglich hatte das Abgeordnetenhaus 350 Mitglieder; im Laufe der Jahrzehnte sind eine große Zahl von Mitgliedern hinzugekommen, jetzt, seit 1906, sind es 443. Das Wahlrecht und die Form der Wahl beruhen auf der Verfassung von 1851 bzw. dem Wahlgesetz vom 30. Mai 1849, die nur durch ein Gesetz vom 28. Juni 1906 in Kleinigkeiten abgeändert sind. Ursprünglich sollte nach dem Geist der Verfassung auf je 250 Seelen ein Wahlmann kommen, und von denen sollten die Abgeordneten gewählt werden. Am 27. Juni 1860 ist aber diese alte Methode verlassen worden durch eine Verfügung, die bestimmt war, die Wahlbezirke als solche festzulegen, und ebenso die Wahlorte und die

Zahl der in jedem einzelnen Bezirke zu wählenden Abgeordneten. Und diese Festlegung ist noch heute in Kraft, abgesehen von den kleinen Änderungen im Jahre 1906. Preußen ist also seit 50 Jahren politisch erstarrt. Der Effekt der Wahlen zum Abgeordnetenhause in der Form von 1860 ist nun der, daß jetzt allgemein die dünnbevölkerten östlichen Provinzen im Verhältnis zu den übrigen Teilen des Staates zuviel Abgeordnete wählen, während die anderen entsprechend benachteiligt sind, d. h. die östlichen Provinzen, die im wesentlichen agrarische Interessen haben wegen ihrer wirtschaftlichen Struktur, majorisieren den industriellen Westen. So vertritt selbstverständlich die Majorität der gewählten Abgeordneten speziell agrarische Interessen, weil sie mit ihnen persönlich und sachlich auf das engste verbunden sind. Infolgedessen hat die landwirtschaftliche Produktion, trotzdem sie, wie schon früher gezeigt ist, nur noch 28% der Berufszugehörigen umfaßt, eine viel stärkere Vertretung im Abgeordnetenhause als die übrigen Berufszweige. Infolgedessen ist die preußische, und wegen der Bedeutung Preußens die Wirtschaftspolitik des Reiches nicht abgestellt auf das Interesse der großen Massen der Bevölkerung, deren vorwiegendes Interesse das Konsumenteninteresse ist, sondern abgestellt auf wirtschaftspolitische Interessen der Landwirtschaft. Daher ist unsere Wirtschaftspolitik in diesem Sinne agrarkonservativ. Infolgedessen muß, wenn von einer Entwicklung der Verfassung die Rede sein soll, unbedingt verlangt werden, daß eine Wahlkreiseinteilung erfolgt, die nicht auf der Basis von 1860 konserviert, was da einmal Tatsache war, sondern die das ins Auge faßt und zur Grundlage nimmt, was tatsächlich heute vorhanden ist. Es ist ein Gebot der Gerechtigkeit — nichts weiter wie das —, die Wahlkreiseinteilung den heutigen Verhältnissen entsprechend abzuändern. Man konnte 1860 absolut nicht voraussehen, daß die Entwicklung sich wirtschaftlich und sozial in der Schnelligkeit vollziehen würde, in der sie sich vollzogen hat. Aber heute kann kein Mensch, der sich nicht blind stellt, leugnen, daß die politische Form, die für die Wahl zum Abgeordnetenhause gilt, und die tatsächliche Grundlage, das, was der Inhalt der Verfassung sein sollte, einander nicht mehr entsprechen.

Die anderen Fragen, um die heute soviel gestritten wird: Beseitigung der Öffentlichkeit der Wahl, die Beseitigung der unrichtigen Steuergrundlagen, Beseitigung der indirekten Wahl, es sind alles glatte Nebenfragen gegenüber dieser Kardinalfrage des preußischen Verfassungslebens, Neueinteilung der Wahlkreise. Aber noch eine Reihe weiterer Vorschriften der preußischen Verfassung verdienen der Vergessenheit entrissen zu werden. Man lese die folgenden Artikel der geltenden Verfassung:

Art. 4. Alle Preußen sind vor dem Gesetze gleich. Standesvorrechte finden nicht statt. Die öffentlichen Ämter sind, unter Einhaltung der von den Gesetzen festgestellten Bedingungen, für alle dazu Befähigten gleich zugänglich.

Art. 20. Die Wissenschaft und ihre Lehre ist frei.

Art. 27. Jeder Preuße hat das Recht, durch Wort, Schrift, Druck und bildliche Darstellung seine Meinung frei zu äußern.

Art. 40. Die Errichtung von Lehen ist untersagt.

Art. 83. Die Mitglieder beider Kammern sind Vertreter des ganzen Volkes. Sie stimmen nach ihrer freien Überzeugung und sind an Aufträge und Instruktionen nicht gebunden.

Art. 101. In betreff der Steuern können Bevorzugungen nicht eingeführt werden.

Das ist der Wortlaut der Verfassung. Aber ist das wirklich die Art, wie in Preußen politisch gelebt wird, wie die Verfassung wirkt? Wenn man aber diese Frage nicht mit ja beantworten kann, dann handelt es sich um den politischen Kampf, um das Recht, die Grundgedanken der Verfassung wieder ins Leben zu rufen; die Verfassung mindestens wieder zu dem zu machen, was sie sein sollte, nämlich der vertragsmäßige Ausdruck des Willens der einzelnen Teile des Staatsganzen über die gegenseitige Abgrenzung der Rechte und Pflichten.

In dieser Verfassung, in ihren Debatten ist Bismarck aufgewachsen. Bismarck war ein Legitimist vom reinsten Wasser. An seiner konservativen Gesinnung und Weltanschauung wird keiner irgendwie zu zweifeln wagen. Bismarck war in erster Linie Preuße. Ganz allmählich erst hat er sich aber zu dem Gedanken durchgerungen, das Deutsche Reich, ein Deutschland in den Vordergrund zu stellen gegenüber dem, was ihm als geborenen Preußen am Herzen lag. Er hat das Reich geschaffen. Die deutsche Reichsverfassung aber hat nicht er allein geschaffen; das, was heute die deutsche Reichsverfassung ist, ist dadurch entstanden, daß in dem großen Elan, der durch das ganze deutsche Volk zur Zeit der Gründung des Reiches ging, die Majorität der damals vorhandenen Parlamente aus Liberalen bestand, nicht aus Konservativen. Und die allgemeinen deutschen Gesichtspunkte liegen der Verfassung des Deutschen Reiches zugrunde im Gegensatz zu der Verfassung Preußens. Die deutsche Reichsverfassung kennt den Begriff des Untertans in keiner Form, sie kennt von vornherein nur den Staatsbürger. Aber sie hat den großen Nachteil, daß sie nicht die Verfassung eines Einheitsstaates ist, sondern die Verfassung einer Mehrheit von Staaten; eine Verfassung, die zustandegekommen ist durch ein Kompromiß der verschiedenen Staaten, die eifersüchtig aufeinander waren. In ihr liegt eine gewisse Angst vor partikularen Souveränitätsverlusten, besonders gegenüber Preußen. Wir haben eine Verfassung erhalten, die dem Deutschen Reich nicht das gegeben hat, was es braucht, nämlich finanzielle Selbständigkeit. Wir haben eine Reichsverfassung, die die finanziellen Interessen der Partikularstaaten in den Vordergrund drängt gegenüber den allgemeinen Interessen des Reiches. Das Reich ist Kostgänger bei den Bundesstaaten, es steht nicht auf eigenen Füßen. Aus diesem Grunde muß jedes Jahr wieder bei jeder Etatsdebatte, bei jedem Reichsgesetz, das irgendwie finanzielle Wirkung hat, ein Ringen zwischen Interessen des Reiches und der Einzelstaaten entstehen. Bei diesem Zustand ist natürlich die Möglichkeit nicht ausgeschlossen, eine neue Mainlinie zu konstruieren; es ist nicht undenkbar, daß vielleicht schließlich sogar eine Art Reichsverdrossenheit mit praktischen Konsequenzen entsteht. Wir haben eine Verfassung im Reiche, bei der, wie Bismarck sich einmal ausgedrückt hat, die Dinge so laufen, daß der Reichswagen nur knarrend vorwärts geschoben werden kann. Wir haben die permanente politische Reibung, und zwar ohne Nutzeffekt, weil jeder sich vor Entscheidungen fürchtet. Infolgedessen sehn wir genau dasselbe, wie bei der preußischen Verfassung auch bei der Reichsverfassung: die Stabilisierung der Verhältnisse in dem Moment, in dem die Verfassung eingeführt war, für die Dauer, trotzdem Anpassung an die veränderten Verhältnisse nötig wäre. Die Einteilung der Reichstagswahlkreise ist seit der Zeit der Gründung des Reiches so gut wie gar nicht abgeändert worden. Der Kaiser ist deutscher Kaiser als König von Preußen, die Krone vererbt sich mit der Krone Preußens. Neben ihm steht als Vertretung der einzelnen Partikularstaaten der Bundesrat mit Bundesratsbevollmächtigten. Der Bundesrat ist die Vertretung der verbündeten Regierungen. Neben dem Bundesrat steht als gesetzgebendes Organ der Reichstag, gewählt auf Grund allgemeiner, direkter und geheimer Wahl; er zählt 397 Abgeordnete. Im Reich haben wir die vielen Partikularstaaten: Königreiche, Großherzogtümer, Herzogtümer, Fürstentümer, freie Städte und das Reichsland, das erst 1874 in den Rahmen des Deutschen Reiches aufgenommen worden ist, und jetzt 1911 eine neue Verfassung bekommen soll. Wir haben nur einen einzigen leitenden Reichsbeamten, den Reichskanzler; eine einzige Person im Deutschen Reich, die für die Durchführung der Verfassung des Reiches in konstitutionellem Sinne verantwortlich ist, den Reichskanzler. Er ist dem Kaiser verantwortlich **und** dem Reich. Seine Kontrollorgane sind der Reichstag und der Bundesrat, denn auch diesen ist der Reichskanzler verantwortlich. Daneben haben wir die große Zahl von Reichsämtern, die durch Staatssekretäre geführt werden; nachgeordnete Stellen: Auswärtiges Amt, Reichskolonialamt, Reichsamt des Innern, Reichsmarineamt, Reichspostamt; ferner eine

Reihe von Reichsbehörden, Reichsverwaltungsbehörden, Reichsgericht, Reichsbank und ähnliches.

Wie ist nun die Entwicklung des Organs vor sich gegangen, das innerhalb dieser Verfassung den Willen der Gesamtheit der Bevölkerung zum Ausdruck bringen soll? Im Jahre 1870 hatten wir eine Bevölkerung von 40818000 Köpfen, im Jahre 1911 haben wir eine solche von ca. 64896000; das bedeutet eine jährliche Zunahme von ungefähr 1,5 %, eine Gesamtzunahme von ca. 47,7 %. Trotz der enormen Bevölkerungsverschiebung, der Abwanderung aus dem Osten und der enormen Bevölkerungszunahme im Westen haben wir die erste Reichstagswahlkreiseinteilung beibehalten. Dabei haben wir in Ostpreußen von 1871 bis 1905 eine Bevölkerungszunahme von ungefähr 11,4 %, in Pommern von 17,7 %, in Westpreußen von 24,9 %, in Posen von 25,4 %, in Schlesien von 33,3 %, dagegen in Brandenburg von 73,4 %, in Rheinland von 79,8 %, in Westfalen von 103,8 %, in Berlin von 146,9 % gehabt. Demgegenüber betrug die Gesamtzunahme der Bevölkerung in Preußen 51,1 %, in Sachsen 76,4 %, in Bayern nur 34,2 %, in den Hansestädten 103—158 %. Sie sehen, wir haben auch hier wieder das Mißverhältnis, das entsteht durch die Verschiebung der Bevölkerung und die Beibehaltung einer veralteten Wahlkreiseinteilung. Auch hier sehn wir deutlich die durch derartiges Konservieren veralteter Rechtsgrundlagen in die Erscheinung tretende Bevorzugung des Ostens vor dem gesamten Deutschland. Der Effekt ist die heutige äußere und innere Wirtschaftspolitik des Reiches und die heutige Reichsfinanzpolitik.

Was ist die natürliche Konsequenz? Mißstimmung gegen diese Wirtschaftspolitik seitens der Konsumenten, besonders seitens der Angehörigen der Industrie, nicht so sehr seitens der Unternehmer, aber seitens der riesigen Kreise, die, wie früher auseinandergesetzt ist, ausschließlich auf Lohn für geistige und körperliche Arbeit angewiesen sind. Wir haben daher die Entwicklung der Sozialdemokratie. Welches sind nun die Ziele, die wir ablesen müssen aus den jetzigen Zuständen? Die Beseitigung der veralteten Wahlkreiseinteilung, die Abänderung der bisherigen Wirtschaftspolitik und die Beseitigung der Reichsfinanznot. Man kann sagen, daß damals, als das Deutsche Reich gegründet wurde, nicht zu übersehn war, welche enorme Summe von Aufgaben es allmählich im Laufe der nächsten 40 Jahre auf sich nehmen würde. Die ganzen Fragen, die mit der Arbeiterversicherung zusammenhängen, die ja Millionen über Millionen jedes Jahr wieder verschlingen, sind natürlich nicht ins Auge gefaßt worden. Aber es war immerhin schon im Anfang der 70er Jahre offensichtlich, daß die Reichsverfassung den praktischen Bedürfnissen des Reiches unter keinen Umständen genügen werde. Infolgedessen hat Bismarck seit 1874 einen Versuch nach dem andern gemacht, um die Reichsfinanzen zu sanieren. Alle diese Versuche sind aber abgelehnt worden, sowohl von den Konservativen wie von den Liberalen. Der Effekt ist der gewesen, daß Bismarck mit Hilfe der Konservativen und des Zentrums die heutige Wirtschaftspolitik inauguriert hat, die sich allmählich aus kleinen Anfängen einer prinzipiellen und zugleich finanzpolitisch wirksam gedachten Schutzpolitik zu einer Politik des Schutzes der nationalen Arbeit als Gesamtheit ausgewachsen und unsere Konsumpreise in einer Weise in die Höhe getrieben hat, daß wir nach dieser Richtung hin an der Spitze der Nationen stehn. Viel hat das Reich dabei nicht lukriert. In der Hauptsache beruhen die Reichsfinanzen noch immer auf der Basis von 1871; denn die Reichsfinanzreformen, die wir bisher gehabt haben, haben in keiner Weise irgend eine grundsätzliche Abhilfe geschaffen. Sie haben keine genügenden neuen Einnahmequellen entsprechend den steigenden Ausgaben des Reiches geschaffen, und sie haben die grundsätzliche Methode, alle Defizits auf die Einzelstaaten abzuschieben, in letzter Linie beibehalten. Wenn das Reich heute einen Fehlbetrag hat, also mehr ausgibt, als es einnimmt, so braucht es sich gar keine Sorgen zu machen, weil es formell überhaupt kein Defizit im Haushalt des Deutschen Reiches gibt. Der Effekt dieses Reichsfinanzsystems ist natürlich der, daß auch die Finanzen der einzelnen Bundesstaaten, die dadurch in Mitleidenschaft gezogen werden, sich in permanenter Unruhe befanden, bis zum Jahre 1909, als eine Neuregelung der Matrikularumlagen beschlossen wurde. Wenn wir uns den Reichsetat von 1910 ansehn, so betrugen dauernde und einmalige Ausgaben im Ordinarium 2663050000; ihnen gegenüber standen dauernde Einnahmen aus Zöllen, Steuern, Betriebsverwaltungen usw. 2434538000 — wir haben also ein tatsächliches Defizit im Ordinarium allein schon von 228512000. Dies muß aufgebracht werden durch Matrikularumlagen auf die einzelnen Bundesstaaten. Daneben steht aber noch das Extraordinarium. In diesem haben wir eine Ausgabe von 190730000 M. und eine Einnahme von nur 42581000 M., es bleibt also noch wieder ein Rest von 148149000 M., der auf Anleihen genommen wird. Insgesamt hat also der Etat für 1910 ein Einnahmeminus von 376661000 M. Und das ist noch ein relativ günstiges Jahr. Ist das des Reiches würdig? Das ist das Resultat unserer Reichsfinanzreform, aber nicht allein dieser Reform, sondern des Systems. Der Fehler liegt nicht bei den einzelnen Reformen, sondern in dem System, das verhindert, daß das Reich selbständige Einnahmen hat.

Im Laufe der Entwicklung sind die Finanzverwaltungen der einzelnen Bundesstaaten in einer großen Zahl von Bundesstaaten aus verschiedenen Gründen, in den verschiedensten Formen, mit den verschiedensten Ansätzen zur Besteuerung des fundierten Vermögens übergegangen. In Preußen haben wir mit der Miquelschen Steuerreform die Ergänzungssteuer bekommen, in einer Reihe von anderen Staaten Vermögenssteuern und Erbschaftssteuern. Wenn wir unter diesem Gesichtspunkt die Frage ins Auge fassen, zahlen wir zu viel oder genug oder zu wenig? Was ergibt sich? Was zahlen wir z. B. an Erbschaftssteuer im Verhältnis zu anderen Staaten, die ja auch leben, und zwar ebenso international wie wir? England zahlt pro Kopf an

Erbschaftssteuer durchschnittlich 9,17 M., Frankreich 4,12 M., die Niederlande 3,81 M., Deutschland 0,48 M., Bremen 3,78 M., Hamburg 3,43 M., Lübeck 3,25 M., Preußen 0,32 M. In Großbritannien werden jährlich durchschnittlich ungefähr 380 Millionen M. aufgebracht durch Erbschaftssteuern, in Frankreich ca. 160 Millionen, in den Niederlanden ca. 19 Millionen, im großen Deutschen Reich mit ca. 65 Millionen Einwohnern etwa 34 Millionen M., aber auch erst seit 1906; bis dahin waren es ungefähr 4,2 Millionen M. Wenn wir nur 3 M. pro Kopf für Erbschaftssteuern einsetzen, so haben wir schon 192 Millionen aus Erbschaftssteuer für das Reich; wenn wir 4 M., wie in Frankreich, einsetzen, haben wir 256 Millionen, und bei 9 M. bekommen wir 580 Millionen M. Aber solche Erbschaftsbesteuerung, die seitens der Reichsregierung vorgeschlagen wurde, ist von den Konservativen und dem Zentrum abgelehnt worden wegen Schädigung des Familiensinnes, und weil man den Einzelstaaten des Reiches diese Einnahmequellen lieber nicht verkümmern wollte. Die patriarchalische und die partikularistische zentrifugale Tendenz haben in Deutschland gesiegt. Das Interesse der Einzelstaaten ist in dieser Frage der Erbschaftssteuer dem des Deutschen Reiches vorgegangen. Aber es wird sich nicht umgehen lassen, daß, wenn wir auf die Dauer ein Deutsches Reich haben wollen, wir ihm auch seine Ernährung sicherstellen müssen. Wenn wir die Reichsverdrossenheit beseitigen wollen, müssen wir unbedingt die ewigen Reibungsflächen beseitigen, die augenblicklich bestehn müssen wegen der rudimentären Ausbildung unseres Reichsfinanzsystems gegenüber dem der Partikularstaaten. Erst in dem Augenblick, wo das Reich die Konkurrenz der einzelstaatlichen Finanzminister los ist, und nicht mehr von deren Belieben, heute im wesentlichen vom Belieben des preußischen Finanzministers abhängig ist, kann es die ihm in der Reichsverfassung gestellten Aufgaben tatsächlich lösen. Das Reich sollte nicht dazu geschaffen werden, um eine Quelle ewigen Ärgernisses für die einzelnen Bundesstaaten zu sein, sondern es sollte deren Gesamtexistenz sichern. Es muß daher ein Reichsfinanzsystem aufgebaut werden.

Wir haben die Gedanken, die unsere Väter der Verfassung zugrunde gelegt haben, auszuführen. Wir sind Erben, aber wenn wir uns als Erben einfach auf den Standpunkt stellen, es ist schöner zu erben, als Steuern zu zahlen, uns sagen, nachdem die Väter das Reich geschaffen haben, können wir jetzt die Hände in den Schoß legen, so sind wir nicht würdig, das Erbe anzutreten. Wir müssen der Entwicklung der politischen und wirtschaftlichen Verhältnisse Rechnung tragen und bei den Grundgedanken der Verfassung des Reiches bleiben.

Wie ist es denn nun möglich, derartige Verhältnisse, so wie sie heute geworden sind, abzuändern? In erster Linie durch den Ausbau der Entwicklungstendenzen der Reichsverfassung, durch Abänderung der Wahlkreiseinteilung und Abänderung des Reichsfinanzsystems. Das ist nur dadurch zu erreichen, daß die Kreise der Bevölkerung, die bisher stumpf und untätig an den politischen Dingen vorübergegangen sind, sich aufraffen und endlich einmal das tun, wozu sie verpflichtet sind aus Gründen allgemeiner Bildung und aus Gründen politischer Selbstachtung, daß sie endlich beginnen, sich um ihre eigenen Dinge zu kümmern. Wenn der Mittelstand diesen Gedanken nicht als selbstverständlich auffaßt, wenn er seine Majorität durch politische Faulheit bei Seite schieben läßt und die Betätigung und Durchführung politischer Interessen den Konservativen, dem Zentrum und der Sozialdemokratie überläßt und sich wegen untergeordneter Dinge gegenseitig zerfleischt, so wird er niemals die Grundgedanken, die liberalen Grundgedanken, die der Entstehung der Reichsverfassung zugrunde liegen, in die Praxis umsetzen und sich den Platz an der Sonne sichern können. Wir haben also festzuhalten an der Reichsverfassung ihrem Sinne, nicht ihrer Form nach; wir haben die soziale Schichtung, wie sie erfolgt ist durch die wirtschaftliche Entwicklung der Welt in den letzten vier Generationen, anzuerkennen. Wir haben die praktische, nicht allein die formale Anerkennung der Gleichberechtigung aller Staatsbürger durchzuführen, und wir haben den politischen Kampf um die wohlerwogenen Interessen des Ganzen zu führen, indem wir offen anerkennen, daß die Seele des politischen Lebens wirklich der Kampf ist, allerdings der Kampf mit anständigen Waffen. Nur dann können wir das beseitigen, was wir heute im Reiche haben: die Nebenregierung der preußischen Junkerkaste, und wir können nur dann die Ideen des Liberalismus durchführen, mit denen unsere Väter das Deutsche Reich geschaffen haben. Es ist also nichts weiter wie politische Arbeit, aufgebaut auf einer wirklichen Erkenntnis der Dinge, so, wie sie entstanden sind, und so, wie sie allmählich geworden sind im Lichte der Geschichte, was verlangt wird vom deutschen Staatsbürger. Leistet er die, so wird das ganze deutsche Vaterland gedeihen, vergißt er diese seine Pflicht, so wird politische Lethargie, Klassenherrschaft und Rückgang des Deutschen Reiches die notwendige Konsequenz der Pflichtvergessenheit der Deutschen sein.

FSC
www.fsc.org
MIX
Papier | Fördert
gute Waldnutzung
FSC® C083411

Kolibri 360 GmbH
Ferdinand-Jühlke-Straße 7
99095 Erfurt, Deutschland
produktsicherheit@kolibri360.de